대통령 후보 이재명
대법원 판결

저자 **대법원**

[재판장]
대법원장 **조희대**
대법관 **이홍구**   대법관 **오경미**   대법관 **오석준**   대법관 **서경환**
대법관 **권영준**   대법관 **엄상필**   대법관 **신숙희**   대법관 **노경필**

[주심]
대법관 **박영재**   대법관 **이숙연**   대법관 **마용주**

● 대통령 후보 이재명 사건 개요 ●

[혐의] 공직선거법 제250조 1항(허위사실공표죄) 위반

■ 2022년 9월 8일 불구속 기소(서울중앙지검)
"김문기 몰랐다", "백현동 국토부 협박" 발언이 허위사실공표에 해당한다며 공직선거법 위반으로 기소

■ 2024년 11월 15일 1심(서울중앙지법)
두 발언 모두 허위라고 보고 징역 1년, 집행유예 2년(당선무효형) 선고

■ 2025년 3월 26일 2심(서울고법)
"정치적 표현의 자유를 충분히 반영해야 한다"면서 전부 무죄 선고

■ 2025년 5월 1일 대법원 전원합의체
2심이 법리를 오해했다며 유죄 취지로 파기환송·사실관계 확정

2025도4697 공직선거법위반

대통령 후보 이재명 대법원 판결

원심판결을 파기하고,
사건을 서울고등법원에 환송한다.

대법원 지음

보민출판사

편집장의 생각

    2025년 5월 1일, 대법원은 대통령 후보 이재명 더불어민주당 대표의 공직선거법위반 사건에 대한 판결을 내렸다. 항소심에서 무죄가 선고됐던 이 사건은 대법원 전원합의체에서 유죄 취지로 파기환송되었고, 서울고등법원으로 돌려보내졌다. 이 판결은 제21대 대통령 선거를 불과 한 달여 앞둔 시점에 내려진 것으로, 정치권과 사회 전반에 적잖은 파장을 일으켰다. 2024년 말 윤석열 대통령의 비상계엄 선포와 국회의 탄핵소추 의결, 그리고 헌법재판소의 대통령 파면 결정에 이르는 유례없는 정치적 격동 속에서 조기에 치러지게 된 선거 직전의 판결이었다는 점에서, 이 판결은 한국 민주주의 역사에서 특별한 사건이 되었다.

　민주사회에서 사법부의 중립성이 왜 중요한지 살펴보자. 법치주의 아래서 사법부는 정치적 압력이나 여론에 흔들림 없이 공정하고 중립적인 판단을 해야 할 책무를 지닌다. 대한민국 헌법 역시 법관이 헌법과 법률에 따라, 그리고 그 양심에 따라 독립하여 심판하도록 명시하고 있다. 이는 법 앞의 평등과 재판의 공정성을 지키기 위한 토대로서, 특히 대통령 선거처럼 정치적 이해관계가 첨예한 사건일수록 사법부가 흔들림 없는 균형추 역할을 해야 함을 의미한다. 이번 대통령 후보 이재명 사건은 사법부의 이러한 중립성과 독립성이 얼마나 중요한지를 보여준 사례이다.

　저번 항소심 재판부는 피고인의 정치적 표현의 자유를 두고 무죄를 선고한 반면, 이번 대법원 판결은 유권자가 올바른 정보를 접할 권리를 강조하여 유죄 판단으로 방향을 선회했다. 이처럼 법원의 판단에 따라 선거의 향방과 국민의 권리가 달라질 수 있기에 법과 양심에 따른 사법부의 중립은 민주사회의 핵심 가치라 할 것이다.

민주주의와 사법 중립의 중요성!

민주주의 사회에서 법원은 최후의 보루로서, 어떤 경우에도 정치적 쟁점으로부터 독립된 판단을 통해 사회의 균형을 유지해야 한다. 선거 기간 중에 진행된 이 사건의 재판은 사법부가 정치적 압력과 국민의 시선을 한 몸에 받으며 진행되었다. 특히 대법원이 전원합의체를 통해 전례 없이 최단기간 신속하게 심리를 진행하고 판결을 내린 점은 우리나라 사회에 큰 충격을 주었다. 특히 사법 정의의 신뢰와 법원의 중립성에 대한 국민적 관심을 집중시켰다.

판결 선고 후 정치권 일각에서는 '사법부의 선거 개입'이라는 거센 비판이 제기되었고, 사법부를 향한 불신과 반발이 일어났다. 다른 한편으로는 법치주의 수호와 선거의 공정성을 위해 법원이 제 역할을 했다는 평가도 존재했다. 이 상반된 반응은 모두 사법부의 결정이 우리 민주사회에 미치는 영향력, 그리고 사법부가 중립성을 지키는 것이 얼마나 중요한지를 방증하는 것이다. 결국, 사법부의 어떤 판단이든 국민이 이를 신뢰하고 받아들일 수 있으려면, 그 판단이 정치적 목적이 아니라 법리와 양심에 따른 것임을 보여주어야 한다.

소수의견이 말하는 것!

이 판결문에서 특히 주목할 부분은 전원합의체에 참여한 일부 대법관들이 밝힌 소수의견이다. 대법원 전원합의체란 중요한 사건에 대해 대법관 전원이 모여 토의하고 판단을 내리는 형식을 말한다. 다수의견이 이번 사건에서 유죄 취지 파기환송을 이끌었지만, 소수의견을 낸 대법관들은 이 판결에 이르는 과정의 문제점과 사법 절차의 본질에 대해 의미 있는 의견을 적시했다. 소수의견은 "대법원 전원합의체의 요체(핵심)는 서로 다른 경험과 가치관을 가진 대법관들 상호 간의 설득과 숙고에 있다"고 강조한다.

다시 말해, 대법관 각자가 헌법과 법률이 부여한 독립적 지위를 바탕으로 자신의 견해를 충분히 펼치고, 동료들과 깊이 있게 토론하며 합의에 이르는 과정 자체가 정의 실현의 중요한 부분이라는 뜻이다. 이러한 충분한 토의 과정을 거쳐야만 재판의 충실성과 공정성이 담보되는데, 소수 대법관들은 이번 사건에서 그 과정이 충분했는지에 대해 의문을 제기했다. 소수의견은 전원합의체 심리가 유례없이 짧은 기간에 이루어진 점을 지적하며, "신속만이 능사는 아니다"라고 분명히 언급했다. 대법원은 어떤 결론을 내리든지 간에 당사자와 국민이 납득할 수 있도록 충분한 논거를 제시할 의무가 있는데 지나치게 서둘러 결론을 내놓을 경우 이러한 의무를 다하지 못할 위험이 있다는 것이다.

특히 이흥구 대법관은 판결문에서 〈해님과 바람〉 이솝우화를 인용하여, 설득과 신중함의 중요성을 강조했다. 세찬 바람이 외투를 벗기지 못했지만, 따뜻한 햇볕은 옷을 벗게 만들었듯이, 설득의 힘은 '온기'와 '시간'에서 나온다는 비유이다. 즉 설득에는 시간이 필요하고, 숙고에도 시간이 필요하다는 지적이다. 충분한 성숙 기간을 거치지 않고 내려진 결론은 겉보기의 공정성 논란도 초래할 뿐 아니라, 당사자들과 국민을 납득시키는 데 실패할 수 있다고 강조했다. 이는 곧 사법부의 판단이 국민에게 신뢰받기 위해서는 과정의 정당성과 충분한 숙의가 필수적임을 의미한다. 소수의견을 낸 이흥구, 오경미 대법관은 이러한 원칙을 환기함으로써, 이번 판결을 바라보는 또 하나의 시각을 국민에게 제시하고 있다. 다수의견이 법률 해석의 엄격함과 신속한 판단을 통해 선거의 공정을 강조했다면, 소수의견은 사법 절차의 충실성과 기본권 보장의 측면에서 균형 잡힌 성찰을 촉구한 것이다.

역사에 기록될 최단기간 전원합의체 판결!

대통령 후보 이재명 사건에 대한 대법원의 최단기간 판결은 국민들에게 법원의 역할과 민주주의의 원칙을 다시 한번 되돌아보게 만든 역사적 사건이다. 법률적으로도 이 판결은 공직선거법상 허위사실 공표죄의 해석과 한계를 둘러싼 중요한 기준을 제시하였고, 표현의 자유와 공정선거라는 두 가치를 어떻게 조화롭게 판단할지에 대한 선례가 되었다. 동시에, 사법부가 정치적으로 민감한 사건을 다룰 때 어떠한 자세를 견지해야 하는지를 보여주는 교훈을 남겼다. 그 교훈이란 바로 "법원은 언제나 중립을 지키며, 충분한 숙고를 통해 정의를 구현해야 한다"는 점이다.

2025년 5월

편집장 **김선희**

대 법 원
판결

사　　　건　　2025도4697 공직선거법위반

피 고 인　　이재명

상 고 인　　검사

변 호 인　　변호사 **위대훈** 외 3인

원 심 판 결　　서울고등법원 2025. 3. 26. 선고 2024노3692 판결

판 결 선 고　　2025. 5. 1.

주 문

원심판결을 파기하고,
사건을 서울고등법원에 환송한다.

이 유

상고이유를 판단한다.

목차

편집장의 생각 • 4

01. 사건 개요 및 판단 요지 • 15
02. 이 사건 공소사실의 요지 • 26
03. 공소외 1 관련 허위사실 공표 부분에 관한 판단 • 30
04. 백현동 관련 허위사실 공표 부분에 관한 판단 • 48
05. 파기의 범위 • 77
06. 결론 • 78
07. 대법관 이흥구, 대법관 오경미의 반대의견 • 79
08. 다수의견에 대한 대법관 서경환, 대법관 신숙희, 대법관 박영재,
    대법관 이숙연, 대법관 마용주의 보충의견 • 155
09. 반대의견에 대한 대법관 이흥구의 보충의견 • 161

2025도4697 공직선거법위반

대통령 후보 이재명
대법원 판결

01
사건 개요 및 판단 요지

가. 이 사건은 제20대 대통령선거 더불어민주당 소속 후보자로 출마하였던 피고인에 대한 허위사실 공표에 의한 공직선거법위반 사건이다.

나. 검사는 피고인의 공소외 1 관련 발언과 백현동 관련 발언에 대하여 공직선거법 제250조 제1항의 허위사실 공표로 공소를 제기하였다. 제1심법원은 공소외 1 관련 발언 중 골프 발언 부분과 백현동 관련 발언에 대하여는 유죄로, 공소외 1 관련 나머지 발언 부분에 대하여는 무죄로 판단하였다. 이에 피고인

과 검사가 항소하였고 원심에서 검사가 일부 공소사실을 변경하였는데, 원심법원은 전부 무죄를 선고하였다. 검사가 원심판결에 대하여 상고하였으므로, 대법원은 검사의 상고이유를 판단한다.

다. 공직선거법 제250조 제1항은 '선거에 당선될 목적으로 연설, 방송 기타의 방법으로 후보자에게 유리하도록 후보자의 행위 등에 관하여 허위의 사실을 공표한 경우'에 처벌하도록 규정하고 있다. 여기서 허위의 사실은 진실에 부합하지 않는 사항으로서 선거인으로 하여금 후보자에 대한 정확한 판단을 그르치게 할 수 있을 정도로 구체성을 가진 것이면 충분하다.

허위의 사실을 공표한 것인지는 표현의 객관적 내용과 전체 취지, 사용된 어휘의 통상적인 의미, 문구의 연결방법 등을 종합적으로 고려하여 그 표현이 선거인에게 주는 전체적인 인상을 기준으로 판단하여야 한다.

라. 피고인에 대한 공소사실을 나누어 차례로 살펴본다.

1) 공소외 1 관련 발언 중 골프 발언 부분을 제외한 나머지 부분에 대하여 본다.

원심은, 이 부분은 피고인의 인식에 관한 발언일 뿐 행위에 관한 발언이라고 할 수 없거나, 독자적인 의미를 가지는 발언 또는 허위의 발언이라고 할 수 없다는 등의 이유로 무죄로 판단하였다. 원심의 이 부분 판단은 수긍할 수 있다.

2) 공소외 1 관련 발언 중 골프 발언 부분에 대하여 본다.

가) 피고인이 더불어민주당 대통령선거 후보자로 선출될 무렵을 전후하여 대장동 도시개발사업 특혜 의혹이 확산되고 그 실무 책임자인 공소외 1과 피고인 간의 관계가 문제되었다. 그러던 중 피고인이 공소외 1 등과 함께 해외출장을 가서 사진도 찍고 해외출장 중에 공소외 1과 함께 골프를 쳤다는 취지의 의혹이 제기되었다.

이에 피고인은 방송 프로그램에 출연하여 공소외 1과 함께 해외출장을 가서 얼굴은 봤겠지만 하위직 실무자이어서 기억나지 않는다는 취지로 발언하였다. 특히 피고인은 의혹의 핵심으로 대두된 골프 동반 의혹에 대하여 적극적으로 해명하면서 "그리고 국민의힘에서 4명 사진을 찍어가지고 마치 제가 골프를 친 것처럼 사진을 공개했던데, 제가 확인을 해보니까 전체 우리 일행 단체 사진 중의 일부를 떼 내 가지고 이렇게 보여줬더군요. 조작한 거지요."라고 발언하였다.

나) 원심은 이 발언이 독자적인 의미를 가진다고 보기 어렵고 '피고인이 성남시장 재직 때는 공소외 1을 몰랐다'는 부분에 대한 보조적 논거에 불과하거나, 다의적으로 해석할 여지가 있어 '해외출장 기간 중에 공소외 1과 골프를 치지 않았다'로만 해석할 수 없으며, 이 발언의 허위성을 인정하기도 어렵다고 판단하였다.

그러나 검사는 원심에서 공소장 변경을 통하여, 이 발언에 관한 공소사실이 '피고인이 공소외 1을 알았는지의 인식'이 아닌 '골프 동반의 교유행위'에 관한 허위사실 공표임을 분명히 적시하였다. 원심은 이러한 공소장 변경을 간과하여 공소사실 자체를 달리 본 잘못이 있다.

피고인과 공소외 1의 골프 동반은 당시 공소외 2를 포함하여 3인이 장시간 함께 한 사교적 교유행위인 점에 비추어 볼 때 피고인과 공소외 1 간의 관계에 대한 의혹과 관련하여 선거인의 판단에 영향을 주는 독자적 사실로서 주요한 사실이지 인식에 대한 보조적 논거에 불과하다고 볼 수 없다.

  다) 이 발언은 문장의 내용과 구조, 사용된 어휘, 전체 취지 등에 비추어 '마치 피고인이 골프를 친 것처럼 단체사진 중의 일부인 4명 부분만을 떼어 내어 보여준 것이다. 피고인이 골프를 친 것처럼 조작한 것이다'는 의미로 해석된다.

  피고인과 공소외 1의 골프 동반은 해외출장 중의 일인데 피고인은 공소외 1과 해외출장 동행 자체는 인정하고 있었다. 공소외 1을 몰랐다는 피고인의 발언과 함께 이 발언을 듣는 일반 선거인으로서는, 피고인이 공소외 1과 해외출장은 함께 갔지만 '피고인이 공소외 1과 함께 간 해외출장 기간 중에 공소외 1과 골프를 치지 않았다'는 의미로 자연스레 받아들이게 된다.

라) 그런데 피고인은 공소외 1 등과 함께 간 해외출장 기간 중 공소외 1과 함께 골프를 쳤던 것이 사실이므로 이 골프 발언은 허위의 사실에 해당한다.

마) 따라서 원심의 이 부분 판단은 수긍하기 어렵다.

3) 백현동 관련 발언에 대하여 본다.

가) 피고인은 더불어민주당 대통령선거 후보자로 선출될 무렵을 전후하여 정치권이나 언론 등으로부터 성남시장 재직 때 추진한 백현동 개발사업과 관련하여 민간업자에게 특혜를 주었다는 의혹을 받고 있었다.

2021. 10. 19. 서울특별시에 대한 국정감사장에서 서울특별시장이 '녹지지역'이던 백현동 부지를 민간업자가 매수한 이후에 '준주거지역'으로 4단계 용도지역 상향을 해주어 민간업자에게 막대한 이익을 주었다는 특혜 의혹을 제기하자, 피고인은 그 다음 날 경기도에 대한 국정감사장에서 이 특혜 의혹을 해명하기 위해 백현동 관련 발언을 하게 되었다.

나) 당시 피고인에 대하여 제기된 의혹이나 경기도에 대한 국정감사에서 질의자가 제시한 패널과 질의 모두 백현동 부지의 용도지역 상향과 관련된 것이었다. 백현동 관련 발언을 접하는 일반 선거인의 관심도 백현동 부지에 집중되어 있었다. 따라서 이 사건 백현동 발언은 전체적으로 백현동 부지의 용도지역 상향 과정과 그 원인을 설명한 것이라고 이해하는 것이 자연스럽다.

다) 원심은 백현동 관련 발언의 의미가 '국토부의 법률에 의한 요구에 따라 피고인이 어쩔 수 없이 백현동 부지의 용도지역을 변경하였다'는 것으로 해석되고, 이는 전체적으로 의견 표명에 해당하며, 후보자의 행위에 관한 허위의 사실에 해당하지 않는다는 등의 이유로 무죄로 판단하였다.

라) 피고인의 백현동 관련 발언은 '국토부가 혁신도시법 제43조 제6항의 의무조항을 들어 용도지역 변경을 압박하였다'는 취지의 발언과 '국토부가 이 의무조항에 따르지 않으면 직무유기를 문제 삼겠다고 협박하였다'는 취지의 발언으로 해석된다. 이 발언의 내용은 모두 구체적 사

실을 포함하는 진술로서 사실의 공표이지 단순히 과장된 표현이거나 의견 표명에 그치는 것이 아니다.

마) 의무조항 압박 발언에 관하여 보면, 용도지역 상향은 성남시가 자체적 판단에 따라 추진한 것이었고, 용도지역 상향 단계에서 국토부의 성남시에 대한 위와 같은 압박은 없었다.

성남시가 먼저 '국토부의 종전 협조요청 공문이 혁신도시법 제43조 제6항의 의무조항에 근거한 것인지, 상위계획에 저촉됨에도 식품연구원의 요청대로 주거지역으로 용도변경이 가능한지' 묻는 내용으로 국토부에 공문으로 질의하였고, 이에 대하여 국토부는 '종전 협조요청 공문은 혁신도시법 제43조 제6항의 의무조항과 무관하고 용도지역 변경은 성남시가 적의 판단하여야 할 사항'이라고 공문으로 분명하게 회신하였으며, 그 후에도 국토부의 입장에는 아무런 변화가 없었다. 그런데도 피고인은 이에 명백히 배치되는 허위의 발언을 하였다.

바) 직무유기 협박 발언에 관하여 보면, 용도지역 상향

과 관련하여 국토부가 성남시에 '직무유기를 문제 삼겠다고 협박'한 사실이 전혀 없는데도 피고인은 이와 같은 허위의 발언을 하였다.

이 발언은 선거인들에게『국토부가 피고인이 시장으로 있던 성남시에 '혁신도시법 제43조 제6항의 의무조항을 들어 압박'을 가해도 되지 않자 '직무유기를 문제 삼겠다고 협박'까지 해서 피고인이 어쩔 수 없이 부득이하게 용도지역을 상향하게 되었구나』라는 인상을 주기에 충분하다.

사) 원심은 피고인이 구체적으로 언급한 '국토부의 혁신도시법 제43조 제6항의 의무조항에 의한 압박'과 '이 의무조항에 따르지 않으면 직무유기를 문제 삼겠다는 협박' 부분을 도외시한 채 '국토부의 법률에 의한 요구'로 백현동 관련 발언의 의미를 왜곡하여 이를 전제로 판단한 잘못이 있다. 그러므로 원심의 이 부분 판단도 수긍할 수 없다.

마. 정치적 표현의 자유가 보호되는 정도는 그 표현의 주체와 대상 등에 따라 달라질 수 있다. 공직을 맡으려는 후보자가 자신에 관한 사항에 대하여 국민에게 허위사실

을 공표하는 국면에서 정치적 표현의 자유가 지니는 의미와 그 허용 범위는, 일반 국민이 공인이나 공적 관심사에 대하여 의견과 사상을 표명하는 경우와 같을 수 없다.

공직선거법 제250조 제1항의 허위사실공표죄도 이러한 배경에서 이해되어야 한다. 후보자의 어떤 표현이 허위사실 공표에 해당하는지를 판단할 때에는 후보자의 정치적 표현이 과도하게 제한되지 않도록 유의하면서도, 공정한 선거를 통하여 보호하고자 하는 선거인의 알 권리와 그에 바탕을 둔 선거권 등 선거인이 국민으로서 가지는 헌법상 기본권의 충실한 보장 요청을 고려해야 한다.

표현의 의미는 후보자 개인이나 법원이 아닌 선거인의 관점에서 해석해야 하고, 어느 정도의 허위사실이 후보자의 표현의 자유라는 이름 아래 용인될 수 있는지는 그 허위사실이 선거인의 공정한 판단에 영향을 미치는 정도에 따라 판단하는 것도 이러한 고려의 결과이다.

공소외 1 관련 발언 중 골프 발언 부분과 백현동 관련 발언은, 피고인의 공직 적격성에 관한 선거인의 정확한 판단을 그르칠 정도로 중요한 사항에 관한 허위사실의 발언이라고 판단되므로, 후보자의 표현의 자유라는 이름 아래 허용될 수는 없다.

바. 결국 피고인의 공소외 1 관련 발언 중 골프 발언 부분과 백현동 관련 발언은 공직선거법 제250조 제1항의 허위사실공표죄에 해당한다. 아래에서 자세하게 살펴본다.

02
이 사건 공소사실의 요지

피고인은 2021. 7. 1. 제20대 대통령선거 출마를 선언한 후 더불어민주당 당내 경선을 통해 2021. 10. 10. 더불어민주당 대통령선거 후보자로 선출되었고, 2022. 3. 9. 실시된 제20대 대통령선거에 더불어민주당 소속 후보자로 출마하였으나 낙선한 사람이다.

가. 공소외 1 관련 허위사실 공표

피고인은 (1) 2021. 12. 22. 에스비에스(SBS) 'ㅇㅇㅇ의

뉴스브리핑' 방송(이하 '제1 방송'이라 한다)에서, (2) 2021. 12. 24. 씨비에스(CBS)라디오 '△△△의 뉴스쇼' 방송(이하 '제2 방송'이라 한다)에서, (3) 2021. 12. 27. 케이비에스(KBS) '한밤의 시사토크 더 라이브' 방송(이하 '제3 방송'이라 한다)에서, (4) 2021. 12. 29. 채널에이(채널A) '□□□의 프로포즈-청년과의 대화' 방송(이하 '제4 방송'이라 한다)에서 원심판결 별지 변경된 공소사실 기재와 같이 각각 발언하여, 대통령선거에 당선될 목적으로 피고인과 공소외 1 간의 교유행위에 관하여, ❶ 성남시장 재직 시에는 하위 직원인 공소외 1의 존재를 몰랐다는 취지(이하 '공소사실 ❶ 발언'이라 한다), ❷ 공소외 1과 함께 간 해외출장 기간 중에 공소외 1과 골프를 치지 않았다는 취지(이하 '공소사실 ❷ 발언'이라 한다), ❸ 경기도지사가 되어 공직선거법위반죄로 기소된 다음에 대장동 도시개발사업 관련 설명을 공소외 1로부터 들어 그제야 공소외 1을 알게 되었고 전화로만 통화했다는 취지(이하 '공소사실 ❸ 발언'이라 한다)로 각 거짓말함으로써 후보자에게 유리하도록 그 행위에 관하여 허위의 사실을 공표하였다.

나. 백현동 관련 허위사실 공표

　피고인은 경기도지사로서 2021. 10. 20. 경기도청 회의실에서 경기도에 대한 2021년도 국회 국토교통위원회 국정감사(이하 '이 사건 국정감사'라 한다)에 출석하여, 성남시 백현동(지번 생략)에 있는 한국식품연구원(이하 '식품연구원'이라 한다)의 청사 및 그 부지(이하 '백현동 부지'라 한다)와 관련하여 원심판결 별지 변경된 공소사실 기재와 같이 발언하여, 대통령선거에 당선될 목적으로 ❹ 위와 같은 발언 전체를 통하여 피고인은 국토교통부(국토해양부는 2013. 3. 23. 해양수산부가 신설되면서 국토교통부로 개편되었다. 이하 개편 전후를 통틀어 '국토부'라 한다)의 「공공기관 지방이전에 따른 혁신도시 건설 및 지원에 관한 특별법」(2011. 5. 30. 법률 제10757호로 일부 개정된 것으로, 2017. 12. 26. 법률명이 「혁신도시 조성 및 발전에 관한 특별법」으로 변경되었다. 이하 통칭하여 '혁신도시법'이라 한다)상 의무조항(혁신도시법 제43조 제6항을 의미한다. 이하 '이 사건 의무조항'이라 한다)에 근거한 용도지역 변경 요구를 받고 불가피하게 성남시장인 피고인의 방침과 달리 백현동 부지의 용도지역을 녹지지역에서 준주거지역으로 변경하였다는 취지(이하 '공소사실

❹ 발언'이라 한다), ❺ 위와 같은 발언 전체를 통하여 그 과정에서 피고인이나 백현동 부지의 용도지역 변경 관련 업무를 담당한 성남시 공무원들이 국토부 공무원들로부터 이 사건 의무조항에 근거하여 용도지역 변경을 해주지 않을 경우 직무유기를 문제 삼겠다는 협박까지 받았다는 취지(이하 '공소사실 ❺ 발언'이라 한다)로 각 거짓말함으로써 후보자에게 유리하도록 그 행위에 관하여 허위의 사실을 공표하였다.

03
공소외 1 관련
허위사실 공표 부분에 관한 판단

가. 공소제기된 발언의 특정

1) 검사는 제1, 2, 3, 4 방송에서 이루어진 피고인의 발언들 중 공소외 1과 관련된 부분(이하 '이 사건 공소외 1 관련 발언'이라 한다)을 한꺼번에 '2021. 12. 22.경부터 같은 달 29.경까지 총 4회에 걸쳐 당선될 목적으로 피고인과 공소외 1 간의 교유행위에 관해 거짓말하여 후보자에게 유리하도록 그 행위에 관하여 허위사실을 공표하였다'는 포괄일죄로 기소하면서, 한편으로는 이 발언들을 그 취지에 따라 공소사실 ❶, ❷, ❸ 발언으로 분류·특정하였다.

2) 검사는 이 사건 공소외 1 관련 발언 중 제1 방송에서 한 발언을 공소사실 ❶, ❸ 발언으로, 제2 방송에서 한 발언을 공소사실 ❷, ❸ 발언으로, 제3 방송에서 한 발언을 공소사실 ❶, ❷, ❸ 발언으로, 제4 방송에서 한 발언을 공소사실 ❶, ❷, ❸ 발언으로 각각 분류·특정하였다.

3) 검사가 제4 방송에서 이루어진 피고인의 발언 중 공소사실 ❷ 발언으로 분류·특정한 부분은 "① 그런데 이 사람이 어디 여행을 가는데 같이 갔더라. 출장을 가는데. 하위직 실무자인데 같이 갔으면 그 사람이 얼굴이야 제가 봤겠지만 그 사람이 이 사람인지를 여러분은 어떻게 압니까? 표창을 수백 명을 주는데 그 사람을 제가 왜 특정하게 기억을 못하냐고 하면 그게 적정한 지적일까요?", "② 그리고 국민의힘에서 4명 사진을 찍어가지고 마치 제가 골프를 친 것처럼 사진을 공개했던데, 제가 확인을 해 보니까 전체 우리 일행 단체 사진 중 일부를 떼 내 가지고 이렇게 보여줬더군요. 조작한 거지요."라고 발언한 부분이다(이하 ② 발언을 '이 사건 골프 발언'이라 한다).

나. 제1~4 방송에서의 각 발언 중 이 사건 골프 발언을 제외한 나머지 발언 부분에 관한 판단

원심은, 공소외 1 관련 허위사실 공표의 공소사실 중 이 사건 골프 발언을 제외한 나머지 부분은 피고인의 인식에 관한 발언일 뿐 행위에 관한 발언이라고 할 수 없거나, 독자적인 발언 또는 허위의 발언이라고 할 수 없다는 등의 이유로 범죄의 증명이 없다고 보아 무죄로 판단하였다.

원심판결 이유를 관련 법리와 기록에 따라 살펴보면, 위와 같은 원심의 판단에 논리와 경험의 법칙을 위반하여 자유심증주의의 한계를 벗어나거나 공직선거법 제250조 제1항이 규정한 허위사실공표죄에 관한 법리를 오해하고 판단을 누락하는 등의 잘못이 없다.

다. 이 사건 골프 발언 부분에 관한 판단

1) 원심 판단의 요지
원심은 이 사건 골프 발언이 그 자체로 독자적인 의미

를 가진다고 보기 어렵고 '피고인이 성남시장 재직 때는 공소외 1을 몰랐다' 부분에 대한 보조적 논거에 불과하거나, 다의적으로 해석할 여지가 있어 '피고인이 공소외 1과 함께 간 해외출장 기간 중에 공소외 1과 골프를 치지 않았다'는 의미로만 해석할 수 없으며, 발언의 허위성을 인정하기도 어렵다는 등의 이유로 범죄의 증명이 없다고 보아 무죄로 판단하였다.

2) 대법원의 판단

이러한 원심의 판단은 다음과 같은 이유로 받아들일 수 없다.

가) 관련 법리

(1) 공직선거법 제250조 제1항은 선거인의 공정한 판단에 영향을 미치는 허위사실을 공표하는 행위 등을 처벌함으로써 선거운동의 자유를 해치지 않으면서 선거의 공정을 보장하기 위한 규정이다. 즉, 후보자(후보자가 되고자 하는 자를 포함한다)에게 유리한 허위사실을 공표하지 못하도록 함으로써 선거인들이 후보자에 대한 정확한 판단자료

를 가지고 올바른 선택을 할 수 있도록 하기 위한 것이다(대법원 2007. 2. 23. 선고 2006도8098 판결 등 참조).

어떤 표현이 허위사실을 공표한 것인지 여부는, 일반 선거인이 그 표현을 접하는 통상의 방법을 전제로 하여 그 표현의 전체적인 취지, 객관적 내용, 사용된 어휘의 통상적인 의미, 문구의 연결방법 등을 종합적으로 고려하여, 그 표현이 선거인에게 주는 전체적인 인상을 기준으로 판단하여야 한다(대법원 2015. 5. 14. 선고 2015도1202 판결 등 참조).

(2) 민주주의의 요체는 공적 관심사에 대한 자유로운 의사의 표현과 활발한 토론에 있으므로, 민주주의의 실현 과정인 선거절차에서도 선거의 공정성을 해하지 않는 범위 내에서 정치적 표현의 자유가 충실하게 보장되어야 한다. 다만, 정치적 표현의 자유가 보호되는 정도는 그 표현의 주체와 대상 등에 따라 달라질 수 있다.

정치적 표현의 자유는 공적 관심사에 대한 국민의 자유로운 의견과 사상을 허용함으로써 민주적 담론의 장에서 국민의 역할을 넓히는 데 초점을 맞추어 발전하여 왔다. 그런데 공직을 맡으려는 후보자가 자신에 관한 사항에 대하여 국민에게 허위사실을 공표하는 국면에서 정치적 표현의 자유가 지니는 의미와 그 허용 범위는, 일반 국민이 공인이나 공적 관심사에 대하여 의견과 사상을 표명하는 경우와 같을 수 없다. 공직선거법 제250조 제1항의 허위사실공표죄도 이러한 배경에서 이해되어야 한다.

공직선거법 제250조 제1항의 허위사실공표죄는 후보자의 정치적 표현을 규제하는 측면 외에도 주권자인 국민이 올바른 정보의 토대 위에서 정치적 의사를 형성하고 선거를 통해 흠 없이 그 의사를 표현할 수 있도록 보장하는 측면을 아울러 지닌다.

후보자의 어떤 표현이 허위사실 공표에 해당하는지를 판단할 때에는 후보자의 정치적 표현, 특히 의견과 사상의 영역에 속하는 정치적 표현이 과도하게 제한되지 않도록 유의하면서도, 공정한 선거를 통하여 보호하고자 하는 선거인의 알 권리와 그에 바탕을 둔 선거권 등 선거인이 국민으로서 가지는 헌법상 기본권의 충실한 보장 요청을 고려해야 한다.

표현의 의미는 후보자 개인이나 법원이 아닌 선거인의 관점에서 해석해야 하고, 어느 정도의 허위사실이 후보자의 표현의 자유라는 이름 아래 용인될 수 있는지는 그 허위사실이 선거인의 공정한 판단에 영향을 미치는 정도에 따라 판단하는 것도 이러한 고려의 결과이다.

나) 주요 경위

원심판결 이유와 원심이 적법하게 채택하여 조사한 증거에 따르면 다음 사실을 알 수 있다.

(1) 피고인은 2021년 가을 더불어민주당 대통령선거 후보자로 선출될 무렵을 전후하여 '성남시장 재직 때 추진한 대장동 도시개발사업과 관련하여 민간업자에게 특혜를 주었다'는 의혹을 받고 있었고, 그 과정에서 사업의 핵심 실무자로서 대장동 도시개발사업과 관련하여 검찰 조사를 받고 있던 공소외 1과 피고인 간의 관계가 문제되었다.

⑵ 그런데 공소외 1이 2021. 12. 21. 대장동 도시개발 사업과 관련된 검찰 수사를 받던 중 자살하였고, 공소외 1과 피고인의 관련 여부에 정치권, 언론과 대중의 관심이 집중되었다. 이때는 대통령선거를 약 3개월 앞둔 시점이었다.

⑶ 피고인은 2021. 12. 22. 제1 방송에 출연하여 피고인이 성남시장 재직 때는 공소외 1이 하위 직원이어서 몰랐다는 취지로 발언하였다.

⑷ 제1 방송 다음 날인 2021. 12. 23. 국민의힘 소속 국회의원 공소외 3은 소셜 네트워크 서비스(SNS)에, 피고인, 공소외 1, 공소외 2, 공소외 4(피고인의 수행비서) 등 4명이 보이고 피고인은 볼마커가 꽂힌 모자를 쓰고 있는 사진(이하 '이 사건 사진'이라 한다)과 함께 "□□□ 후보님. 호주, 뉴질랜드 출장 가서 골프도 치신 건가요? 곁에 서 있는 고 공소외 1 처장과 한 팀으로 치신 건 아닌지요? 혹은 그냥 아무 모자나 쓰다 보니 우연히 골프모자(상호 생략)에 '볼마커'가 꽂힌 채로 쓰고 사진 찍으신 건가요?"라는 글을 기재하여 피고인이 공식적인 해외출장 기간 중에 공소외 1과

함께 골프를 쳤다는 의혹을 제기하였다.

실제로 피고인은 공소외 1 등과 2015년 1월경 호주-뉴질랜드 출장을 갔고 사진도 함께 찍었으며, 이 해외출장 기간 중에 공식 일정에 참여하지 않고 공소외 1, 공소외 2와 함께 골프를 쳤다.

(5) 이 사건 사진이 공개되면서 피고인과 공소외 1의 해외출장 중 골프 동반 의혹이 확산되었고, 피고인이 성남시장 재직 때 공소외 1에게 표창장을 수여하였다는 의혹도 함께 제기되었다.

(6) 피고인은 제2, 3 방송에 출연하여 공소외 1에게 표창장을 주거나 공소외 1과 함께 해외출장을 갔더라도 하위직 실무자이어서 기억나지 않는다는 취지로 발언하면서 공소외 1과의 관계를 일관되게 부인하였다.

(7) 피고인의 해명에도 불구하고 피고인과 공소외 1의 해외출장 중 골프 동반 의혹이 계속되자, 피고인은 제4 방송에 출연하여 '같이 출장을 가서 얼굴은 봤겠지만 하위직

실무자이어서 기억을 못한다'고 발언하면서 "그리고 국민의힘에서 4명 사진을 찍어가지고 마치 제가 골프를 친 것처럼 사진을 공개했던데, 제가 확인을 해보니까 전체 우리 일행 단체 사진 중의 일부를 떼 내 가지고 이렇게 보여줬더군요. 조작한 거지요."라고 이 사건 골프 발언을 하고, 그 발언 뒤에 다시 '성남시장 당시에는 공소외 1을 기억하지 못한다'는 취지의 발언을 하였다.

다) 이 사건 골프 발언의 의미

(1) 어떤 표현이 공직선거법 제250조 제1항이 정한 허위사실 공표에 해당하는지 판단하기 위해서는 먼저 그 표현의 의미를 확정해야 한다.

앞서 본 법리에 따라 이 사건 골프 발언이 선거인에게 주는 전체적인 인상을 기준으로 그 의미를 확정하면, 이 사건 골프 발언은 '피고인이 공소외 1과 함께 간 해외출장 기간 중에 공소외 1과 골프를 치지 않았다'는 의미로 해석되고, 원심이 판단한 것과 같이 다의적으로 해석되지 않는다. 구체적 이유는 다음과 같다.

(가) 피고인은 대통령선거를 약 3개월 앞둔 상황에서 '피고인이 공소외 1과 함께 해외출장을 가서 사진도 찍고 골프도 함께 쳤다'는 취지의 의혹이 확산되자, 의혹의 핵심으로 대두된 해외출장 중 골프 동반 의혹에 대하여 적극적으로 해명하면서 이 사건 골프 발언을 하였다.

(나) 피고인이 이 사건 골프 발언을 하게 된 경위, 문맥과 전체적인 취지, '조작'의 사전적 의미('어떤 일을 사실인 듯이 꾸며 만듦') 등을 고려하면, 피고인은 국민의힘 소속 국회의원 공소외 3이 이 사건 사진을 공개하면서 제기한 공소외 1과의 해외출장 중 골프 동반 의혹이 꾸며낸 일이라거나 허위라는 의미로 '조작'이라는 단어를 사용하였다고 보는 것이 '조작'의 통상적인 의미와 문장의 전체적인 흐름에 부합한다.

따라서 이 사건 골프 발언의 표현이 선거인에게 주는 전체적인 인상을 기준으로 공표된 발언의 의미를 살펴보면, '(피고인은 공소외 1 등과 골프를 치지 않았는데도) 국민의힘에서 마치 피고인이 골프를 친 것처럼 단체사진 중 일부인 4명(피고인, 공소외 1, 공소외 2, 공소외 4) 부분만을 떼어

내어 보여준 것이다. (피고인이 공소외 1과 골프를 친 것처럼) 조작한 것이다'는 의미로 해석된다.

(다) 제4 방송 발언 전체의 맥락은 피고인이 '성남시장 재직 당시 공소외 1과 여러 교유행위가 있었던 것은 사실이지만 당시에는 공소외 1이 누구인지를 몰랐고 나중에 누구인지 알게 되었다'는 것이어서 공소외 1과의 교유행위가 전혀 없었다는 것은 아니다. 그런데 이 사건 골프 발언은 이 사건 사진에 나오는 공소외 1과 함께 골프를 쳤다는 구체적 교유행위를 부정하는 취지이기 때문에, 이를 듣는 일반 선거인으로서는 피고인이 공소외 1과 해외출장을 동행했지만 '해외출장 기간 중에 공소외 1과 골프를 치지 않았다'는 의미로 받아들이는 것이 자연스럽다.

설령 이 사건 골프 발언을 '이 사건 사진은 조작된 것이므로 피고인이 공소외 1과 함께 골프를 친 사진이 아니다(증거가 되지 못한다)'는 의미로 해석하더라도, 그 발언이 선거인에게 주는 전체적인 인상이 '피고인이 공소외 1과 함께 간 해외출장 기간 중에 공소외 1과 골프를 치지 않았다'는 것임은 달라지지 않는다.

피고인과 공소외 1의 골프 동반 의혹은 피고인과 공소외 1 등 4명이 함께 있는 이 사건 사진이 공개되면서 같이 제기되었는데, '이 사건 사진은 조작된 것이므로 피고인이 공소외 1과 함께 골프를 친 사진이 아니다(증거가 되지 못한다)'는 의미는 자연스럽게 '피고인이 공소외 1과 함께 골프를 치지 않았다'는 의미로 이해되고, 피고인이 공소외 1과 함께 골프를 쳤는지와 무관하게 단순히 사진만 조작되었다는 의미로 국한하여 볼 수는 없다.

(라) 당시 일반 선거인들은 이 사건 사진이 뉴질랜드 도착 첫날 빅토리아 산에서 촬영된 것이고 공소외 1과의 골프 동반은 그날이 아닌 다른 날에 있었다는 사정을 알 수 없었다. 그리고 피고인과 공소외 1의 해외출장 중 골프 동반 의혹에서 일반 선거인의 관심은 '피고인이 공소외 1과 함께 간 해외출장 기간 중에 공소외 1과 함께 골프를 친 사실이 있었는지' 여부이지 '해외출장 기간 중의 어느 날에 골프를 쳤는지'가 아니었다. 따라서 일반 선거인으로서 이 사건 골프 발언을 '실제로는 피고인이 해외출장 기간 중에 다른 날 공소외 1과 골프를 쳤고, 해당 사진이 촬영된 날에는 골프를 치지 않았다'라는 취지로 이해할 가능성은 거

의 없다.

(2) 이 사건 골프 발언은 그 자체로 선거인의 판단에 영향을 주는 중요한 사항으로서 독자적인 의미를 가진다.

검사는 원심에서 공소장 변경을 통하여 이 사건 골프 발언에 관한 공소사실이 '피고인이 성남시장 재직 때 공소외 1을 알았는지의 인식' 여부가 아니라 공소사실 ❷ 발언으로서 '골프 동반이라는 교유행위'에 관한 허위사실 공표임을 분명히 적시하였다. 이 사건 골프 발언은 그 자체로 '피고인이 해외출장 기간 중에 공소외 1과 골프를 치지 않았다'는 독자적인 의미를 가지고, '공소외 1을 알았는지 몰랐는지'에 관한 피고인의 인식에 대한 보조적 논거에 불과한 것이 아니다.

더구나, 피고인이 이 사건 골프 발언을 한 시기는 대장동 도시개발사업 특혜 의혹에 관해 검찰 조사를 받던 공소외 5와 공소외 1이 연이어 자살을 한 직후였고, 표창장 수여나 해외출장과 같은 일반적·공적 만남이나 회동이 아닌 동반 골프라고 하는 내밀한 사교적 교유행위가 피고인과 공소외 1 사이에 있었다는 의혹이 있었던 무렵이었다. 그리고 소수의 인원이 장시간 함께하면서 운동하며 대화를 나누는 골프의 특성을 고려하면, 피고인이 해외출장 기간 중 공소외 1과 골프를 쳤는데도 공소외 1을 모른다고 말하는 것은 설득력이 떨어지는 상황이었다.

그런데 이 사건 골프 발언은, 피고인이 공소외 1과 해외출장 기간 중 함께 골프를 치지 않았고, 그렇기에 하위 직원에 불과한 공소외 1을 모른다는 취지이다. 이를 통해 피고인은 대장동 도시개발사업의 핵심 실무자인 공소외 1과 피고인의 관련성을 차단하려 하였으므로, 골프 동반이라는 교유행위의 존재 여부는 피고인을 지지할 것인지에 관한 선거인의 정확한 판단에 영향을 줄 만한 중요한 사항에 해당한다.

(3) 그런데도 원심은 이 사건 골프 발언이 그 자체로 독자적인 의미를 가진다고 보기 어렵고, 다의적으로 해석될 여지가 있어 '피고인이 공소외 1과 함께 간 해외출장 기간 중에 공소외 1과 골프를 치지 않았다'는 의미로만 해석할 수 없다고 판단하여, 이 사건 골프 발언의 의미를 잘못 확

정하였다. 이러한 원심의 판단에는 공직선거법 제250조 제1항이 규정한 허위사실공표죄에서 '표현의 해석'에 관한 법리를 오해하는 등의 잘못이 있다.

라) 후보자의 '행위'에 관한 '허위의 사실'에 해당하는지 여부

(1) 공직선거법 제250조 제1항은 허위사실 공표의 대상을 후보자 등의 '출생지, 가족관계, 신분, 직업, 경력등, 재산, 행위, 소속단체, 특정인 또는 특정단체로부터의 지지 여부 등'으로 열거하고 있다. 여기서 후보자의 '행위'란 '후보자의 자질, 성품, 능력 등과 관련된 것으로서 선거인의 후보자에 대한 공정한 판단에 영향을 줄 만한 행위'를 의미한다.

(2) 이 사건 골프 발언은 앞서 본 바와 같이 '피고인이 공소외 1과 함께 간 해외출장 기간 중에 공소외 1과 골프를 치지 않았다'는 의미로 해석된다. 이는 피고인이 성남시장 재직 때 있었던 공소외 1과의 특정한 교유행위를 부인하는 발언으로서 피고인의 '행위'에 관한 발언에 해당

한다.

 피고인이 공적인 해외출장 기간 중에 공식 일정에 참여하지 않고 대장동 도시개발사업 특혜 의혹과 관련하여 피고인과의 관련성을 의심받고 있던 공소외 1과 골프를 쳤는지 여부는, 그 자체로 후보자의 자질, 성품, 능력 등과 관련된 것으로서 선거인의 후보자에 대한 공정한 판단에 영향을 줄 만한 행위에 관한 사항이다. 따라서 이 사건 골프 발언은 공직선거법 제250조 제1항이 규정한 후보자의 '행위'에 관한 발언에 해당한다.

 (3) 피고인은 해외출장 기간 중에 공소외 1, 공소외 2와 함께 골프를 쳤다. 그렇다면 '피고인이 공소외 1과 함께 간 해외출장 기간 중에 공소외 1과 골프를 치지 않았다'는 의미로 해석되는 이 사건 골프 발언은 후보자의 행위에 관한 '허위사실의 공표'에 해당한다.

 (4) 그런데도 원심은 이 사건 골프 발언을 '피고인이 공소외 1과 함께 간 해외출장 기간 중에 공소외 1과 골프를 치지 않았다'는 의미로만 해석할 수 없다는 잘못된 전제

아래 이 사건 골프 발언이 후보자의 행위에 관한 허위의 사실에 해당하지 않는다고 판단하였다. 이러한 원심의 판단에는 공직선거법 제250조 제1항이 규정한 허위사실공표죄에서 '후보자의 행위에 관한 허위의 사실'에 관한 법리를 오해하는 등의 잘못이 있다.

마) 앞에서 밝힌 바와 같은 이유로, 이 사건 골프 발언은 '공소외 1과 함께 간 해외출장 기간 중에 공소외 1과 골프를 치지 않았다'는 의미로 해석되고, 이는 후보자의 행위에 관한 허위사실의 공표에 해당한다.

이와 달리 원심이 그 판시와 같은 이유로 공소외 1 관련 허위사실 공표에 의한 공직선거법위반 공소사실 중 이 사건 골프 발언 부분을 무죄로 판단한 것에는 공직선거법 제250조 제1항이 규정한 허위사실공표죄에 관한 법리를 오해하여 판결에 영향을 미친 잘못이 있다. 이 점을 지적하는 상고이유 주장은 이유 있다.

04
백현동 관련 허위사실 공표 부분에 관한 판단

가. 주요 경위

원심판결 이유와 원심이 적법하게 채택하여 조사한 증거에 따르면 다음 사실을 알 수 있다.

1) 피고인은 2021년 가을 더불어민주당 대통령선거 후보자로 선출될 무렵을 전후하여 정치권이나 언론 등으로부터 성남시장 재직 때 추진한 백현동 개발사업과 관련하여 민간업자에게 특혜를 주었다는 의혹을 받고 있었다.

2) 이 사건 국정감사 전날인 2021. 10. 19. 서울특별시에 대한 국정감사장에서 서울특별시장 역시 백현동 개발사업 특혜 의혹을 제기하였는데, 그 의혹 중에는 백현동 부지에 대한 '4단계 용도지역 상향 특혜'가 있었다. 그 내용은 피고인이 '녹지지역'이던 백현동 부지를 민간업자가 매수한 이후에 '준주거지역'으로 4단계 용도지역 상향을 해주어 민간업자에게 막대한 이익을 주었다는 것이다.

3) 그 다음 날 이루어진 이 사건 국정감사에서 질의자인 더불어민주당 소속 공소외 6 위원은, 전날 서울특별시장이 들어 보인 패널과 동일한 백현동 개발 관련 '4단계 용도지역 상향 특혜'라는 제목의 패널을 제시하며 거기에 '조작'이라는 스티커를 붙이고 나서, '백현동 부지 관련 특혜 의혹 제기가 모두 조작된 것이고, 백현동 부지 개발사업은 공소외 8 정부의 정부기관 지방이전정책에 성남시가 따르고 협조한 것이 전부'라고 말하면서, 피고인에게 '백현동 부지 개발사업에 특혜를 주었다고 생각하느냐'고 질의하였다.

4) 피고인은 위 질의에 대하여 '전혀 사실이 아니다'고

답변하면서, 모두발언, 설명발언, 정리발언을 하나의 답변으로 이어서 발언하였다(이하 공소외 6 위원의 질의에 대한 피고인의 답변 전체를 '이 사건 백현동 발언'이라 한다).

5) 검사는 모두발언, 설명발언, 정리발언 전체를 통하여 피고인이 백현동 부지와 관련하여 다음의 두 가지 거짓말을 한 것으로 공소제기하였다.

첫째, '국토부의 이 사건 의무조항에 근거한 용도지역 변경 요구를 받고 불가피하게 피고인의 방침과 달리 백현동 부지의 용도지역을 녹지지역에서 준주거지역으로 변경하였다'(공소사실 ❹ 발언)고 거짓말하였다.

둘째, '그 과정에서 피고인이나 백현동 부지의 용도지역 변경 관련 업무를 담당한 성남시 공무원들이 국토부 공무원들로부터 이 사건 의무조항에 근거하여 용도지역 변경을 해주지 않을 경우 직무유기를 문제 삼겠다는 협박까지 받았다'(공소사실 ❺ 발언)고 거짓말하였다.

나. 원심 판단의 요지

원심은, 이 사건 백현동 발언의 의미가 '국토부의 법률에 의한 요구에 따라 피고인이 어쩔 수 없이 백현동 부지의 용도지역을 변경하였다'는 것으로 해석되고, 이는 전체적으로 의견 표명에 해당하며, 후보자의 행위에 관한 허위의 사실에 해당하지 않는다는 등의 이유로, 이 부분 공소사실에 대하여 범죄의 증명이 없다고 보아 이를 무죄로 판단하였다.

다. 대법원의 판단

이러한 원심의 판단은 다음과 같은 이유로 받아들일 수 없다.

1) 이 사건 백현동 발언의 의미

가) 관련 법리
앞서 본 법리와 같이 어떤 발언이 허위사실 공표에 해

당하는지 여부를 구체적으로 밝혀보기 위해서는 먼저 그 발언의 의미를 확정해야 한다. 발언의 의미를 확정할 때는 사후적으로 개별 발언들의 관계를 치밀하게 분석·추론하는 데에 치중하기보다는, 발언이 이루어진 당시의 상황과 발언의 전체적 맥락에 기초하여, 일반 선거인에게 발언의 내용이 어떻게 이해되는지를 기준으로 살펴보아야 한다.

특히 특정된 하나의 주제 관련 질문에 대한 답변으로 행해진 일련의 발언 내용이 흐름상 특별한 주제 전환 없이 자연스럽게 연결되어 있는 경우에는 그 연결된 발언 전부의 내용이 일반 선거인에게 주는 전체적인 인상을 기준으로 공표된 발언의 의미를 해석하여야 한다.

이와 달리 연결된 발언의 내용을 사후에 인위적으로 분절한 다음 각 구간의 개개 발언을 구분하여 각각의 의미를 파악하고, 다시 각각의 의미를 합치거나 재조합하여 연결된 발언 전부의 의미를 새기는 것은, '하나로 자연스럽게 연결된 발언의 의미'를 일반 선거인이 통상적으로 이해하는 방식이라고 할 수 없다.

그러한 발언의 분절과 의미의 구간별 파악 및 재조합 등의 과정을 거치게 되면, 연결된 발언 전부를 접하였던 당시를 기준으로 문제된 발언의 표현이 일반 선거인에게 주었던 전체적인 인상과 달라지거나 동떨어질 우려가 있다.

이는 문제된 표현을 접한 일반 선거인의 관점에서 표현의 의미를 새기는 것이라고 할 수 없고, 유권자의 올바른 선택을 통한 민주주의의 건전한 의사형성 원리와 조화되기 어렵다. 따라서 하나의 연결된 발언의 의미를 해석하면서 사후적인 세분 또는 인위적인 분절을 통해 연결된 발언 전부에 대한 표현 당시의 의미를 재구성하는 것은 신중할 필요가 있다.

나) 이 사건 백현동 발언의 해석 방법

(1) 원심은, 이 사건 백현동 발언을 시간적 흐름에 따라 모두발언, 설명발언, 정리발언으로 나눈 다음, 설명발언을 다시 원심 판시와 같이 ①~⑤로 세분화하였다. 그 후 설명발언 ①~③은 성남시 이전공공기관 종전부지 전체에 대한

내용이고, 설명발언 ④는 백현동 부지를 제외한 나머지 이전공공기관 종전부지에 대한 내용이며, 설명발언 ⑤는 백현동 부지에 대한 내용이라고 해석하였다. 이를 전제로, 설명발언 ③, ④에서 이 사건 의무조항이 기재된 패널(이하 '이 사건 패널'이라 한다)을 제시하면서 설명한 것은 백현동 부지를 제외한 나머지 이전공공기관 종전부지에 대한 내용이라고 판단하였다.

백현동 부지에 대해서는, 설명발언 ⑤에서 이 사건 의무조항에 근거한 국토부의 요구에도 불구하고 용도지역 변경을 해주지 않고 버티다가 국토부가 2014. 1. 22. 성남시장 등 지방자치단체장들에게 보낸 '지방이전 공공기관 종전부동산 매각 관련 협조 요청'이라는 제목의 공문(이하 '이 사건 공문'이라 한다)을 받고 변경하게 되었다고 언급하였고, 이 사건 패널이 아닌 이 사건 공문을 새로운 보조자료로 제시한 이상, 백현동 부지에 관하여만 언급한 정리발언의 '법률에 의한 요구'를 그 문언과 달리 '이 사건 의무조항에 근거한 요구'로 한정하여 해석하는 것은 자연스럽지 않다고 판단하였다.

(2) 그러나 앞서 본 법리에 비추어 볼 때, 원심의 이러한 해석 방법은 수긍하기 어렵다.

이 사건 백현동 발언은 '백현동 부지의 4단계 용도지역 상향이 피고인이 준 특혜라고 하는데 그것이 맞느냐'는 취지의 하나의 주제에 관한 질의에 대하여 하나의 답변으로 자연스럽게 연결된 발언이다.

따라서 이 사건 백현동 발언의 의미는, 일반 선거인이 그 연결된 발언의 표현을 접하는 통상의 방법을 전제로 하여, 연결된 발언 전부의 전체적인 취지와 맥락, 객관적 내용, 문제된 발언이 사용된 문맥과 문구의 연결방법 등을 종합적으로 고려하여, 그 연결된 발언 전부의 내용이 일반 선거인에게 주는 전체적인 인상을 기준으로 확정하여야 한다.

그런데도 원심은 하나의 주제에 관한 질문에 대한 하나의 답변으로 자연스럽게 연결된 발언 내용을 사후에 인위적으로 분절하는 방법으로 연결된 문구를 떼어 내고 일부 문구를 묶은 다음, 설명발언 ①~⑤로 재구성된 문구별로 각각의 의미를 나누어 해석하였다. 그 과정에서 원심은 아래와 같이 이 사건 백현동 발언의 의미를 잘못 해석하였다.

(가) 일반 선거인은 이 사건 백현동 발언을 모두발언, 설명발언, 정리발언 순서로 접하였으므로, 모두발언은 선거인이 가장 먼저 접하는 발언이다. 모두발언에는 국토부의 요구로 변경한 대상이 '백현동 부지의 용도지역'이라는 점, 국토부 요구의 근거가 단순한 '법률'이 아니라 '공공기관 이전 특별법'(피고인은 '혁신도시법'을 이와 같이 지칭하였다. 이하 같다)이라는 점이 모두 드러나 있다.

그런데도 원심은 선거인이 가장 먼저 접한 모두발언의 의미를 가장 마지막에 접한 정리발언의 문구에 맞추어 '용도지역 변경은 국토부가 요청한 것이고 성남시는 응할 수밖에 없는 상황이었다'는 것으로 해석하고, 피고인이 모두발언에서 '공공기관 이전 특별법'을 명시적으로 언급한 사실을 배제하였다.

(나) 다음으로 원심은 설명발언 ③을 백현동 부지를 포

함한 성남시 이전공공기관 종전부지 전체에 대한 내용이라고 해석하였다. 원심이 세분한 설명발언 ③은 "그런데 국토부에서 저희한테 다시 이런 식으로 압박이 왔는데 공공기관 이전 특별법에 보면 43조 6항이 있다. (이 사건 패널을 들어 보이며) 국토부장관이 도시관리계획 이것 변경 요구하면 지방자치단체장은 반영해야 된다. 의무조항을 만들어 놨습니다. 이것을 가지고 만약에 안 해주면 직무유기 이런 것을 문제 삼겠다고 협박을 해서" 부분(이하 '국토부 협박 발언'이라 한다)이다.

그렇다면 국토부 협박 발언은 백현동 부지가 배제되는 것이 아니라 백현동 부지까지 포함된 설명임에도, 원심은 국토부 협박 발언이 백현동 부지의 용도지역 변경과는 관련 없는 발언이라고 잘못 해석하였다.

(다) 또한 원심은 설명발언 ④를 '이 사건 의무조항을 가지고 압박하는 국토부의 요구를 아예 반영하지 않을 수는 없었으므로 조금씩 반영하면서 백현동 부지를 제외한 나머지 부지들의 용도지역 변경이 이루어졌고 개발되었다'는 의미로 해석하여, 이 사건 의무조항이 원인이 되어 용

도지역이 변경된 것은 '백현동 부지를 제외한 나머지 이전 공공기관 종전부지'라고 판단하였다.

그러나 설명발언 ④ 전반부는 표현 자체로 백현동 부지를 포함한 종전부지 전부에 관한 것인 데 반해("성남시 공공기관 이전부지 다섯 곳 매각이 몇 년 동안 불발되었다"), 설명발언 ④ 후반부는 한국도로공사 종전부지와 한국토지주택공사(LH, 이하 'LH'라 한다) 종전부지에 관한 내용이다. 이와 같이 설명발언 ④는 전반부와 후반부의 설명대상이 다름에도, 원심은 이를 하나로 묶어서 설명발언 ④는 '백현동 부지를 제외한' 나머지 이전공공기관 종전부지에 관한 발언이라고 잘못 해석하였다.

결국 원심은 이 사건 백현동 발언을 세분하여 재구성하는 과정에서 피고인이 구체적으로 언급한 '이 사건 의무조항에 의한 국토부의 압박'과 '이 사건 의무조항에 따르지 않으면 직무유기를 문제 삼겠다는 국토부의 협박' 부분을 도외시한 채 단순히 '국토부의 법률에 의한 요구에 따라 어쩔 수 없이 피고인이 백현동 부지의 용도지역을 변경하였다'는 의미로 이 사건 백현동 발언의 의미를 왜곡하였다.

원심의 이러한 해석 방법은 하나로 자연스럽게 연결된 발언의 의미를 일반 선거인이 통상적으로 이해하는 방식이라고 할 수 없고, 발언 당시를 기준으로 문제된 표현을 접한 일반 선거인의 관점에서 표현의 의미를 새겨야 한다는 법리에 어긋난다.

다) 이 사건 백현동 발언의 의미 확정

(1) 앞서 본 법리에 따라 이 사건 백현동 발언 전부가 선거인에게 주는 전체적인 인상을 기준으로 이 사건 백현동 발언의 의미를 확정하면, 이 사건 백현동 발언은 '백현동 부지'에 관한 공소사실 ❹, ❺ 발언의 의미로 해석된다. 구체적 이유는 다음과 같다.

(가) 질문에 대한 답변의 의미는 질문과 답변을 함께 조합하여 해석하여야 한다. 피고인은 '백현동 부지의 용도지역 상향과 관련하여 특혜를 준 것이냐'는 특정된 하나의 주제와 관련된 질문에 대하여 '전혀 사실이 아니다'고 답

변하면서, 특별한 주제 전환 없이 하나의 연결된 발언으로 국토부로부터 용도지역 상향과 관련하여 받은 압박을 설명하였다.

당시 피고인에 대하여 제기된 의혹이나 이 사건 국정감사에서 질의자가 제시한 패널과 질의 모두 백현동 부지에 관한 것이었다. 이 사건 백현동 발언을 접하는 일반 선거인의 관심도 이 부분에 집중되어 있었다. 따라서 이 사건 백현동 발언은 전체적으로 백현동 부지의 용도지역 상향 과정과 그 원인을 설명한 것이라고 이해하는 것이 자연스럽다.

(나) 피고인은 이 사건 백현동 발언 서두에서 백현동 부지의 용도지역 상향은 국토부가 요청해서 한 일이고 그 근거가 단순한 '법률'이 아니라 '공공기관 이전 특별법'이라는 점을 밝혔다. 이어진 발언에서 피고인은 국토부가 '공공기관 이전 특별법'의 구체적인 조문인 '이 사건 의무조항을 들어 압박하였다'는 발언과 함께 이 사건 의무조항인 혁신도시법 제43조 제6항이 기재된 이 사건 패널을 시각자료로 준비하여 제시하였다.

이어서 피고인은 '국토부가 이 사건 의무조항에 따르지 않으면 직무유기를 문제 삼겠다고 협박하였다'는 발언을 하였다. 마지막으로 발언을 정리해달라는 요구에 대하여 피고인은 '용도를 바꿔준 것은 국토부의 법률에 의한 요구에 따라 어쩔 수 없이 한 것이다'는 발언으로 마무리하였다.

(다) 즉, 피고인은 하나로 자연스럽게 연결된 발언 전체를 통해 백현동 부지의 용도지역 상향 과정과 그 원인을 설명하면서, 이 사건 의무조항에 근거한 국토부의 압박이 있었다는 점을 일관되게 설명하였고, 국토부가 이 사건 의무조항에 따르지 않으면 직무유기를 문제 삼겠다고 협박하였다는 점을 강조하였다.

피고인의 이 발언은 일반 선거인에게, 『국토부가 피고인이 시장으로 있던 성남시에 '이 사건 의무조항을 들어 압박'을 가해도 안 되니까 '직무유기를 문제 삼겠다고 협박'까지 해서 피고인이 어쩔 수 없이 용도지역을 상향하게 되었구나』라는 인상을 주기에 충분하다.

(라) 피고인이 이 사건 백현동 발언에서 국토부의 압박을 설명하면서 언급한 법률은 이 사건 의무조항이 유일하고, 다른 법률을 언급한 적은 없다. 이 사건 백현동 발언을 듣는 일반 선거인으로서는 피고인이 말한 '법률'은 곧 '이 사건 의무조항'인 것으로 받아들이게 된다.

그리고 피고인은 미리 준비한 시각자료인 이 사건 의무조항이 기재된 이 사건 패널을 제시하면서 "국토부장관이 도시관리계획 이것 변경 요구하면 지방자치단체장은 반영해야 된다. 의무조항을 만들어 놨습니다. 이것을 가지고 만약에 안 해주면 직무유기 이런 것을 문제 삼겠다고 협박을 해서"라고 말하였다.

즉, 국토부장관이 요구하면 지방자치단체장은 반드시 따라야 한다는 취지로 이 사건 의무조항을 언급하면서 이 사건 의무조항에 근거한 국토부의 요구가 단순한 협조요청이 아니라 강제력이 따르는 요구였다는 인상을 주었다.

이 말은 곧 뒤에 이어진 '국토부가 이 사건 의무조항에 근거한 요구에 따르지 않을 경우 직무유기를 문제 삼겠다'

고 협박하였다는 취지의 말과 합쳐져 일반 선거인들로 하여금 백현동 부지의 용도지역 변경이 전적으로 국토부의 요구에 따라 강제된 것이었다는 인상을 주게 된다.

(마) 실제 이 사건 백현동 발언 직후 상당수의 언론이 이 사건 백현동 발언을 '직무유기를 문제 삼겠다는 국토부의 협박으로 피고인이 어쩔 수 없이 백현동 부지의 용도지역을 변경하였다'는 의미로 받아들였다.

국토부 노동조합 관계자들도 피고인의 이 사건 백현동 발언에 대하여, 정당한 업무 절차를 '협박'으로 표현한 것에 유감을 표명하면서, 피고인이 '국토부 협박 발언'을 사과해야 한다는 취지의 기자회견을 하였다. 이러한 사정에 비추어 보면, 이 사건 백현동 발언 내용을 공소사실 ❹, ❺ 발언으로 해석하는 것이 일반 선거인들의 상식에 부합하는 합리적 해석이다.

이와 달리 피고인의 발언을 사후적으로 세분하거나 인위적으로 분절하여 이 사건 의무조항, 직무유기, 협박 등이 언급된 발언(원심 판시 설명발언 ③ 부분)은 백현동 부지의 용도지역 변경과는 관련 없는 발언이고, 국토부가 2014. 1. 22. 성남시장 등 지방자치단체장들에게 보낸 이 사건 공문이 언급된 발언(원심 판시 설명발언 ⑤ 부분)만 백현동 부지의 용도지역 변경과 관련한 발언이라고 해석하는 것은, 사후적인 분석과 추론에 천착한 것으로서 발언 당시의 상황이나 발언 전체의 맥락과는 동떨어진 해석이다. 이러한 해석은 문제된 표현을 접한 당시를 기준으로 일반 선거인의 관점에서 표현의 의미를 새긴 것이라고 할 수 없다.

일반 선거인의 상식적 판단에서 일의적으로 이해되는 발언을 이를 구성하는 단어와 문구를 분절하고 재구성하여 그 발언을 들은 일반 선거인에게 지득되지 않는 다른 의미를 애써 도출하는 것은 합리적인 해석이라 볼 수 없고, 공직선거법상 허위사실공표죄에 관하여 축적된 기존의 대법원 판례와도 상충된다. 허위사실공표죄에 대한 법리를 이 사안에서만 예외적으로 달리 적용하는 것은 법치주의의 이상과도 부합하지 않는다.

(바) 어떤 표현이 다의적이라는 것은, 그 표현에 사용된

단어의 의미가 여러 가지이거나, 해당 사실관계가 복잡하거나 또는 사실과 의견이 혼합되어 있는 등 그 표현의 객관적·전체적 의미가 명확하지 않고 다양하여 다른 의미로 해석될 가능성이 있는 것을 말한다.

그러나 앞서 본 바와 같이 피고인이 이 사건 백현동 발언에서 언급한 법률은 이 사건 의무조항이 유일하고 다른 법률을 언급한 적이 없다. 그렇다면 피고인이 정리발언에서 말한 국토부의 법률에 의한 요구는 곧 이 사건 의무조항에 근거한 요구이고 다른 법률에 근거한 요구라고 보기는 어렵다.

여기에 피고인이 국토부의 성남시에 대한 압박을 설명하면서 미리 준비한 이 사건 의무조항이 기재된 이 사건 패널을 시각자료로 제시한 점까지 더하여 보면, 피고인의 발언 내용은 명확하고, 그 의미는 앞서 본 바와 같이 공소사실 ❹, ❺ 발언으로 해석될 뿐 다른 의미로 해석되지 않는다.

(사) 한편 원심은 공소사실 ❺ 발언이 독자적으로 별개

의 의미를 가져 선거인의 판단을 그르칠 만한 중요한 부분이라고 보기 어렵다고 판단하였다. 그러나 일반 선거인들은 백현동 부지 용도지역 변경 경위에 관한 피고인의 설명을 들으면서 '이 사건 의무조항'이나 '국토부 직무유기 협박'과 같은 단어가 더해져, 백현동 부지 용도지역 변경이 피고인의 방침이 아니라 국토부의 협박이나 강압적인 요구에 의해 이루어졌다는 의미로 받아들이게 된다.

실제 이 사건 백현동 발언 이후 '국토부 협박 발언'을 제목으로 하여 대대적으로 언론 보도가 이루어지고, 직무유기를 이유로 협박한 사실이 없다는 국토부 측의 입장 표명이 이어졌으며, 일반 선거인들 사이에 '국토부 협박 발언'을 둘러싼 진실공방이 이루어졌다.

이와 같은 사정에 비추어 보면, '이 사건 의무조항'이나 '국토부의 직무유기 협박'은 이 사건 백현동 발언이 선거인에게 주는 전체적인 인상에서 중요한 비중을 차지하였다고 할 것이고, 이러한 발언이 포함된 공소사실 ❺ 발언은 독자적으로 선거인의 판단에 영향을 줄 만한 구체적이고 핵심적인 내용에 해당한다.

(2) 그런데도 원심은 이 사건 백현동 발언의 전체적인 취지와 맥락 등을 일반 선거인의 관점에서 통상적인 방법으로 해석하지 않고, 인위적으로 분절하여 사후적으로 재구성함으로써, 피고인이 구체적으로 언급한 '국토부의 이 사건 의무조항에 의한 압박'과 '이 사건 의무조항에 따르지 않으면 직무유기를 문제 삼겠다는 협박' 부분을 도외시한 채 이 사건 백현동 발언의 의미를 '국토부의 법률에 의한 요구'에 따라 피고인이 어쩔 수 없이 백현동 부지의 용도지역을 변경하였다는 것으로 잘못 해석하였다. 이러한 원심의 판단에는 허위사실공표죄에서 '표현의 해석'에 관한 법리를 오해하는 등의 잘못이 있다.

2) '사실'의 공표에 해당하는지 여부

가) 공직선거법 제250조 제1항의 허위사실공표죄에서 말하는 '사실'이란 선거인으로 하여금 후보자에 대한 정확한 판단을 그르치게 할 수 있을 정도로 구체성을 가진 것이면 충분하다. '사실'의 공표란 가치판단이나 평가를 내용으로 하는 의견 표현에 대치되는 개념으로서 시간과 공간적으로 구체적인 과거 또는 현재의 사실관계에 관한 보고

또는 진술을 의미하며 그 표현 내용이 증거에 의한 증명이 가능한 것을 말한다.

어떠한 표현이 사실의 적시인지, 아니면 의견이나 추상적 판단의 표현인지의 구별은 단순히 사용된 한 구절의 용어만에 의하여서는 아니 된다. 선거의 공정을 보장한다는 입법취지를 염두에 두고 그러한 표현을 둘러싼 모든 사정, 즉 언어의 통상적 의미와 용법, 표현 전체의 내용, 문제된 말이 사용된 문맥, 표현의 경위 · 전달방법 · 상대방, 표현 내용에 대한 증명가능성, 표현자와 후보자의 신분 등을 고려하여 종합적으로 결정되어야 한다(대법원 2011. 12. 22. 선고 2008도11847 판결, 대법원 2017. 12. 22. 선고 2017도6433 판결 등 참조).

나) 이러한 법리에 따라 살펴본다.

이 사건 백현동 발언의 주요한 부분은 '국토부가 이 사건 의무조항을 들어 압박하였다'는 발언과 '국토부가 이 의무조항에 따르지 않으면 직무유기를 문제 삼겠다고 협박하였다'는 발언이다. 이 각 발언의 내용은 모두 구체적인 과거의 사실관계에 관한 진술로서 그 표현 내용이 증거에 의하여 증명이 가능하다. 따라서 이 사건 백현동 발언은 '사실'의 공표이지 단순히 과장된 표현이거나 추상적인 의견 표명에 그치는 것이 아니다.

다) 그런데도 원심은 피고인이 구체적으로 언급한 '국토부의 이 사건 의무조항에 의한 압박'과 '이 사건 의무조항에 따르지 않으면 직무유기를 문제 삼겠다는 협박' 부분을 도외시한 채 이 사건 백현동 발언의 의미를 '국토부의 법률에 의한 요구에 따라 피고인이 어쩔 수 없이 백현동 부지의 용도지역을 변경하였다'는 것으로 잘못 해석한 다음, 이를 전제로 이 사건 백현동 발언이 의견 표명에 해당한다고 판단하였다. 이러한 원심의 판단에는 허위사실공표죄에서 '사실과 의견의 구별'에 관한 법리를 오해하는 등의 잘못이 있다.

3) '허위의 사실'에 해당하는지 여부

가) 공직선거법 제250조 제1항에서 말하는 '허위의 사실'이라 함은, 진실에 부합하지 않는 사항으로서 선거인으

로 하여금 후보자에 대한 정확한 판단을 그르치게 할 수 있을 정도로 구체성을 가진 것이면 충분하다. 하지만, 공표된 사실의 내용 전체의 취지를 살펴볼 때, 중요한 부분이 객관적 사실과 합치되는 경우에는, 세부에 진실과 약간 차이가 나거나 다소 과장된 표현이 있다 하더라도 이를 허위의 사실이라고 볼 수는 없다(대법원 2009. 3. 12. 선고 2009도26 판결 등 참조).

어떤 사실이 세부에 진실과 약간 차이가 나거나 다소 과장된 표현에 불과한 것인지는, 그 사실이 후보자의 공직 적격성에 대한 선거인의 정확한 판단을 좌우할 수 없는 부수적이고 지엽적인 부분인지, 아니면 선거인의 정확한 판단을 그르칠 정도로 중요한 부분인지를 고려하여 판단해야 한다(대법원 2015. 5. 14. 선고 2015도1202 판결, 대법원 2024. 10. 31. 선고 2023도16586 판결 등 참조).

나) 원심판결 이유와 원심이 적법하게 채택하여 조사한 증거에 따르면 다음 사실을 알 수 있다.

(1) 국토부가 성남시에 백현동 부지의 용도지역을 '녹지

지역'에서 '준주거지역'으로 4단계 상향할 것을 요구한 사실이 없다. 성남시는 식품연구원으로부터 입안제안 받은 내용이 상위계획과 부합하지 않는 문제를 해결하기 위해 내부적으로 검토 절차를 거쳐 자체적 판단에 따라 용도지역 상향을 추진하였고, 그 과정에서 국토부의 성남시에 대한 압박은 없었다.

(2) 국토부가 성남시에 백현동 부지에 관하여 이 사건 의무조항에 근거하여 용도지역 변경을 요구한 사실도 없다.

오히려 성남시가 2014. 11. 17. 국토부에 종전 협조요청 공문의 의미와 관련하여 '이 사건 의무조항에 근거하여 국토부장관이 요구하는 사항으로 볼 수 있는지, 상위계획에 저촉됨에도 식품연구원의 요청대로 주거지역으로 용도변경이 가능한지' 등을 질의한 데 대하여, 국토부는 2014. 12. 9. 성남시에 '종전부동산 매각 관련 협조요청 공문(2014. 5. 21. 및 2014. 10. 1.)은 이 사건 의무조항에 따른 것이 아니고, 용도지역 변경은 성남시가 적의 판단하여야 할 사항'이라고 공문으로 분명하게 회신하였다.

(3) 국토부가 피고인 또는 성남시 공무원들에게 이 사건 의무조항에 근거하여 용도지역 변경을 해주지 않을 경우 '직무유기를 문제 삼겠다는 협박'을 한 사실도 없다.

제1심법원에 증인으로 출석한 백현동 부지 용도지역 변경 업무를 담당한 성남시 공무원들과 국토부 공무원들은 모두 '국토부가 이 사건 의무조항에 근거하여 용도지역 변경을 해주지 않을 경우 직무유기를 문제 삼겠다고 압박하거나 협박한 사실이 없다'는 취지로 진술하였다.

(4) 국토부가 2014. 12. 9. 성남시에 '기존 협조요청 공문은 이 사건 의무조항에 근거한 것이 아니고 용도지역 변경은 성남시가 적의 판단하여야 할 사항'이라고 명확하게 의사를 밝힌 이후, 성남시는 자체적으로, 준주거지역으로의 용도지역 변경을 내용으로 하는 식품연구원의 제3차 입안제안을 받고 백현동 부지의 용도지역을 녹지지역에서 준주거지역으로 4단계 상향하는 도시관리계획 변경결정을 하였다.

식품연구원의 제2차 입안제안과 제3차 입안제안의 내

용 사이에 유의미하게 달라진 부분은 연구개발(Research and Development, 이하 'R&D'라 한다) 용지 비율 상향 등이었고, 이는 백현동 부지에 R&D센터 등을 조성하기로 한 성남시의 상위계획에 부합하는 측면이 있다.

(5) 국토부가 2014. 12. 9. 성남시에 회신한 내용과 같은 입장은 그 후에도 아무런 변화가 없이 그대로 유지되었다.

다) 이러한 사실관계를 앞서 본 법리에 비추어 살펴본다.

백현동 부지의 용도지역을 녹지지역에서 준주거지역으로 4단계 상향한 것은, 이 사건 의무조항에 근거한 국토부의 요구에 따라 어쩔 수 없이 한 것이 아니라, 피고인 또는 성남시가 백현동 부지의 활용계획과 관련하여 상위계획 부합 여부, 성남시 공공기여분 확보 등을 고려하여 스스로 검토하여 결정한 것이라고 보인다.

따라서 피고인이 이 사건 백현동 발언을 통해 공표한 ① '국토부가 백현동 부지에 관하여 이 사건 의무조항에 근거한 용도지역 변경 요구를 하여, 피고인은 성남시장인 자신의 방침과 달리 백현동 부지의 용도지역을 녹지지역에서 준주거지역으로 변경하였다', ② '국토부 공무원들은 그 과정에서 피고인 또는 성남시 담당 공무원들에게 이 사건 의무조항에 근거하여 용도지역 변경을 해주지 않을 경우 직무유기를 문제 삼겠다고 협박하였다'는 발언은, 백현동 부지의 용도지역 변경에 관하여 제기되었던 특혜 의혹 및 이에 결부된 피고인의 공직 적격성에 관한 선거인의 정확한 판단을 그르칠 정도로 중요한 사항에 관한 허위사실의 발언이라고 판단된다.

라) 그런데도 원심은 피고인이 구체적으로 언급한 '국토부의 이 사건 의무조항에 의한 압박'과 '이 사건 의무조항에 따르지 않으면 직무유기를 문제 삼겠다는 협박' 부분을 도외시한 채 이 사건 백현동 발언의 의미를 '국토부의 법률에 의한 요구에 따라 피고인이 어쩔 수 없이 백현동 부지의 용도지역을 변경하였다'는 것으로 잘못 해석한 다음, 이를 전제로 이 사건 백현동 발언을 허위라고 단정할 수 없다고 판단하였다. 이러한 원심의 판단에는 허위사실공표죄의 요건인 '허위의 사실'에 관한 법리를 오해하는 등의 잘못이 있다.

4) 후보자의 '행위'에 관한 발언에 해당하는지 여부

가) 대통령선거를 앞두고 있던 피고인은 성남시를 대표하여 그 사무를 총괄하는 성남시장으로서 한 용도지역 상향 결정과 관련하여 민간업자에게 특혜를 준 것이라는 의혹을 받고 있었다. 이러한 상황에서 피고인의 행위인 용도지역 상향 결정의 주된 이유가 피고인 스스로의 판단에 따른 것인지, 국토부의 이 사건 의무조항에 근거한 압박과 협박 때문인지는, 공직자인 피고인의 자질, 성품, 능력 등과 관련된 것으로서 선거인의 후보자에 대한 공정한 판단에 영향을 줄 만한 사항에 해당한다.

따라서 이 사건 백현동 발언은 공직선거법 제250조 제1항이 규정한 후보자의 '행위'에 관한 발언으로 봄이 타당하다.

나) 그런데도 원심은 그 판시와 같은 이유로 이 사건 백현동 발언을 피고인의 행위에 관한 발언이라고 볼 수 없다고 판단하였다. 이러한 원심의 판단에는 공직선거법 제250조 제1항이 규정한 허위사실공표죄에서 그 공표의 객

체인 '행위'에 관한 법리를 오해하는 등의 잘못이 있다.

5) 앞에서 밝힌 바와 같은 이유로, 이 사건 백현동 발언의 의미는 공소사실 ❹, ❺ 발언으로 해석되고, 이는 후보자의 행위에 관한 허위사실의 공표에 해당한다.

이와 달리 원심이 그 판시와 같은 이유로 이 부분 공소사실을 무죄로 판단한 것에는 공직선거법 제250조 제1항이 규정한 허위사실공표죄에 관한 법리를 오해하여 판결에 영향을 미친 잘못이 있다. 이 점을 지적하는 상고이유 주장은 이유 있다.

05 파기의 범위

 원심판결 중 공소외 1 관련 허위사실 공표에 의한 공직선거법위반 공소사실 중 '이 사건 골프 발언 부분'과 백현동 관련 허위사실 공표에 의한 공직선거법위반 부분은 위와 같은 이유로 파기되어야 한다.

 그런데 공소외 1 관련 허위사실 공표에 의한 공직선거법위반 공소사실 중 '이 사건 골프 발언 부분'과 무죄로 판단된 '이 사건 골프 발언을 제외한 나머지 발언 부분'은 포괄일죄의 관계에 있으므로, 무죄로 판단된 '이 사건 골프 발언을 제외한 나머지 발언 부분'도 함께 파기되어야 한다. 결국 원심판결은 전부 파기되어야 한다.

06 결론

 그러므로 원심판결을 파기하고, 사건을 다시 심리·판단하도록 원심법원에 환송하기로 하여, 주문과 같이 판결한다. 이 판결에는 대법관 이흥구, 대법관 오경미의 반대의견이 있는 외에는 관여 법관의 의견이 일치하였고, 다수의견에 대한 대법관 서경환, 대법관 신숙희, 대법관 박영재, 대법관 이숙연, 대법관 마용주의 보충의견, 그리고 반대의견에 대한 대법관 이흥구의 보충의견이 있다.

07
대법관 이흥구, 대법관 오경미의 반대의견

가. 반대의견의 요지

 허위사실 공표에 의한 공직선거법위반죄에서 발언의 의미를 확정하는 방법에 관하여, 선례는 일반 선거인이 그 표현을 접하는 통상의 방법을 전제로, 그 표현의 전체적인 취지와의 연관 아래 표현의 객관적 내용, 사용된 어휘의 통상적인 의미, 문구의 연결방법 등을 종합적으로 고려하여, 그 표현이 선거인에게 주는 전체적인 인상을 기준으로 판단하여야 한다고 선언하여 왔다.

다수의견은 이러한 선례를 받아들이는 한편 이 사건 백현동 발언 부분을 판단하며 "특정된 하나의 주제에 관한 질문에 대한 답변으로 행해진 일련의 발언이라는 특수한 경우"에 적용되는 새로운 법리(이하 '의미 확정 추가 법리'라 한다)를 선언하였다. 다수의견의 의미 확정 추가 법리는 위와 같이 특수한 상황에서 이루어진 발언의 경우 기존 선례 법리가 적용되는 방식을 부연하고 명확히 한 것으로서, 반대의견도 선례 법리의 연장선에서 이에 동의한다.

　그러나 이를 적용하여 이 사건 골프 발언과 이 사건 백현동 발언의 의미를 확정하고 그 허위성을 판단하는 다수의견의 방식은 선례에서 제시한 방식이나 이를 기반으로 한 다수의견의 의미 확정 추가 법리에도 부합하지 않는 방식이어서 동의할 수 없다.

　오히려 선례나 다수의견의 의미 확정 추가 법리에 충실하게 이 사건 골프 발언과 이 사건 백현동 발언의 의미를 해석하면 다수의견과 같은 해석 외에 다른 의미로도 해석될 수 있다. 다수의견이 제시한 법리들을 바탕으로 각 발언의 의미를 확정하고 그 허위성을 판단하면 두 발언은 모두 허위사실 공표에 해당한다는 점에 관한 범죄의 증명이 부족하여 무죄이다.

다수의견은 공소외 1 관련 발언에서 정치적 표현의 자유가 보호되는 정도는 그 표현의 주체와 대상 등에 따라 달라질 수 있고, 공직을 맡으려는 후보자가 자신에 관한 사항에 대하여 공표하는 국면에서는 후보자의 정치적 표현의 자유가 더 제한될 수 있다는 법리를 선언하였다(이하 '후보자발언 제한 법리'라 한다).

일반인보다 후보자의 발언이 갖는 파급효나 선거인에 대한 영향력이 크다는 점을 이유로 후보자의 정치적 표현의 자유와 선거의 자유를 제한하는 것은 민주주의 헌법 체계와 조화를 이루기 어려운 법리이므로 이에 동의할 수 없다.

다수의견의 논거와 결론은 다의적으로 해석될 수 있는 발언에 관하여 다른 합리적 해석의 가능성을 배제한 채 공소사실에 부합하는 취지로만 해석하거나, 사실과 의견의 구별이 모호하고 행위자의 주관적 평가가 많이 가미될 수밖에 없는 행위의 원인에 대한 피고인의 진술에 대하여 또다시 피고인에게 불리한 방향으로 엄격한 잣대를 들이댄 것이다.

이는 다수의견이 제시한 선례의 태도에도 어긋나고 '의심스러우면 피고인의 이익으로'라는 형사법의 대원칙에도 반한다. 이는 허위사실 공표에 의한 공직선거법위반죄에 관한 합헌적 해석, 적용의 모습이라고 보기 어렵고, 대법원이 선거의 공정을 강조하여 규제를 강화하기보다는 선거운동의 자유와 공적·정치적 관심사에 대한 정치적 표현의 자유를 최대한 보장하여 온 방향성에도 어긋나는 것이어서 찬동할 수 없다.

나. 민주주의 헌법질서와 조화를 이루는 허위사실공표죄의 해석 및 적용 필요성

1) 공직선거법의 적용 과정에서 선거의 자유라는 가치와 선거의 공정이라는 가치는 긴장관계에 놓인다. 선거의 공정을 위하여 선거운동이나 정치활동을 규제하는 방법

과 범위는 그 시대의 정치문화, 선거풍토, 민주주의와 시민의식의 성숙 정도와 밀접한 관련이 있다.

과거에는 관권선거와 금권선거의 폐해가 커서 선거의 공정성을 지켜 국민의 정치적 의사가 왜곡되는 것을 방지하는 데 관심이 집중되어 있었지만, 최근에는 방송, 신문, 통신, 인터넷 등을 통한 여론 형성이 선거운동과 정치활동의 중요한 부분을 차지하게 되면서 선거의 자유가 강조되고 있다.

공직후보자가 되려는 사람들에게는 평소에 자신의 인지도와 호감도를 높여 정치적 지지기반을 형성·확대·강화하는 행위가 절실히 필요하므로 그에 관한 정치적 표현과 활동의 자유가 충분히 보장되어야 한다.

정치인의 평소 정치적 표현과 활동을 과도하게, 그것도 형사처벌의 방법으로 규제하면 국가권력의 간섭과 통제를 받지 아니하고 정치적 의사를 자유롭게 표현하고 자유롭게 선거운동을 할 수 있는 정치적 자유권과 참정권, 알권리 등 헌법상 기본권의 본질적인 내용을 침해하게 될 위험이 있다(대법원 2016. 8. 26. 선고 2015도11812 전원합의체 판결 참조).

2) 자유선거의 원칙은 비록 우리 헌법에 명시되지는 않았지만 민주국가의 선거제도에 내재하는 법 원리이다. 이를 실현하기 위해서는 선거과정에서 충분한 정보의 전달과 자유로운 의견의 소통이 이루어져야 한다.

선거의 공정성은 이러한 자유선거의 원칙을 실현하는 수단이므로, 선거의 공정성을 크게 해치지 않는 한 선거운동의 자유를 최대한 보장하여야 하고, 선거의 공정성을 위하여 선거운동의 자유를 제한하는 경우에도 필요한 최소한도에 그쳐야 하며, 그 본질적 내용을 침해해서는 안 된다.

자유로운 의사 표현과 활발한 토론이 보장되지 않고서는 민주주의가 존재할 수 없으므로 표현의 자유, 특히 공적·정치적 관심사에 대한 정치적 표현의 자유는 중요한 헌법상 권리로서 최대한 보장되어야 한다(대법원 2018. 10. 30. 선고 2014다61654 전원합의체 판결, 대법원 2020. 7. 16.

선고 2019도13328 전원합의체 판결 등 참조).

3) 우리나라의 선거법제는 다른 나라에 비하여 규제를 중심으로 촘촘히 구성되어 있다는 특징이 있다. 따라서 선거의 공정을 강조하여 선거운동에 대한 규제 범위를 넓히면 선거운동의 자유와 정치적 표현의 자유가 지나치게 제한되므로, 헌법상 선거운동의 자유를 충분히 확보하기 위한 합헌적 해석의 노력이 필요하다.

지나친 규제로 선거과정에서 충분한 정보의 전달과 자유로운 의견의 소통이 이루어지지 않으면 궁극적으로 선거의 공정성 자체를 저해할 우려가 있다.

대법원은 지난 10여 년간 선거의 공정과 선거운동의 자유 사이의 역동적 관계 속에서 적절한 균형을 찾으며 규제를 중심으로 구성된 선거법제 하에서 표현의 자유가 지나치게 제한되지 않도록 공직선거법위반죄에 대하여 제한적 해석을 시도하고 정치적 표현의 자유를 최대한 보장하기 위해 노력해 왔다.

특히 최근에는 허위사실공표죄와 관련하여 처벌의 위험에 위축되지 않고 정치적 표현의 자유를 행사할 수 있는 자유롭고 중립적인 공간을 넓힐 필요성이 있다는 인식 아래 그 성립 범위를 제한하고 축소하는 법리를 일관되게 선언하여 왔다(대법원 2020. 7. 16. 선고 2019도13328 전원합의체 판결, 대법원 2020. 12. 24. 선고 2019도12901 판결, 대법원 2024. 10. 31. 선고 2023도16586 판결 등).

이는 허위사실공표죄를 쉽게 인정할 경우 정책공약이나 이를 비판·검증하는 표현 등 대의민주주의가 실질적으로 작동하는 데 필요한 표현들까지 억제될 우려가 있다는 점을 고려한 것이다. 이러한 선례의 확고한 방향성은 선거운동의 규제 중심으로 구성된 공직선거법을 헌법상 가치인 선거운동의 자유와 조화될 수 있도록 합헌적으로 해석하여 온 것으로서 여전히 지지되고 유지되어야 한다.

4) 선거의 공정성을 내세워 공직선거법상 허위사실공표죄의 적용을 매개로 수사기관과 법원이 선거 과정에 개입하는 통로를 여는 것은 선거의 자유를 해치고 법원의 정치적 중립성을 해치는 등 여러 가지 부작용을 낳는다.

가) 허위사실 공표행위를 규제하는 것은 유권자들에게 올바른 판단자료를 제공하기 위한 것이다. 그런데 유권자에게 제공되는 자료의 허위성 판단 권한을 누구에게 줄 것인지가 문제이다. 민주주의 헌법질서에서 선거과정의 거짓 정보를 가릴 권한은 스스로 정보를 분석, 판단할 수 있는 유권자의 선택에 최대한 맡기는 것이 바람직하다.

그에 따른 책임 또한 주권자인 국민의 몫이다. 부정확하거나 부적절한 표현으로 선거과정을 혼탁하게 한 정치인에 대한 최종적인 판단은 투표를 통한 선거인의 선택에 맡겨야 한다.

이에 수사기관이 개입하여 선거과정의 정치적 표현에 대하여 발언의 세부적 또는 지엽적 · 부수적 문구, 단어 등의 표현에 일부 허위사실이 포함되어 있다는 이유만으로 엄격한 법적 책임을 부과하려 한다면, 선거결과가 최종적으로 수사기관과 법원의 사법적 판단에 좌우될 위험에 놓인다. 주권자인 국민의 선거권이 침해되고 국민의 자유로운 의사로 대표자를 선출한다는 민주주의 이념이 훼손될 우려가 있다.

특히 이 사건처럼 대통령선거를 앞두고 정치적 공격과 방어를 주고받는 과정에서 나온 발언에 대하여 수사기관이 나서 정치적 표현 통제의 구시대적 잣대를 깊숙이 들이밀어 자유로운 소통과 경쟁을 질식시키는 것은 일반 선거인의 정치적 결정권 행사에 지장을 주어 선거의 자유를 위축시키는 것으로서 바람직하지 않다.

물론 일정한 한계를 넘는 표현에 대해서는 엄정한 조치를 취할 필요가 있지만, 그에 앞서 자유로운 토론과 성숙한 민주주의를 위하여 표현의 자유를 더욱 넓게 보장하는 것이 보다 중요하다. 선거의 공정을 위하여 필요하다는 이유로 부정확하거나 바람직하지 못한 표현들 모두에 대하여 무거운 법적 책임을 묻는 것이 바람직한 해결책이 될 수는 없다(대법원 2018. 10. 30. 선고 2014다61654 전원합의체 판결, 대법원 2020. 7. 16. 선고 2019도13328 전원합의체 판결 등 참조).

나) 선거과정은 그 자체가 고도의 정치적 영역에 있다. 선거과정의 공방 속에서 이루어진 다양한 발언은 정치적 이해관계를 바탕으로 사실과 의견 또는 평가가 혼재되어

있어 사실의 허위성을 명확히 가릴 수 없는 것이 많다. 그럼에도 정치적 중립의무를 부담하는 법원이 이러한 정치적 혼재 영역에 개입하여 공표된 발언의 허위성을 가리는 역할을 맡게 되는 것은 그 자체로 법원의 정치적 중립성을 해치는 부작용이 있다.

설령 그 혼재 영역에서 이루어진 사법적 판단이 법적으로 정당하더라도 정치 집단 사이의 이해관계가 첨예하게 대립하는 사안에서는 법원이 선거에 개입하였다는 비판에 놓이게 될 우려가 있다. 정치적 발언에 대한 법원의 법적 평가는 이를 수긍하는 국민들과 그렇지 아니한 국민들 사이에 새로운 갈등과 분란을 촉발할 수 있다.

앞서 본 바와 같이 대법원은 지난 10여 년간 선거의 공정과 선거운동의 자유 사이의 균형을 찾으며 정치적 표현의 자유가 지나치게 위축되지 않도록 공직선거법위반죄를 제한적으로 해석하여 왔다. 선례의 이러한 태도는 법원을 선거과정에서 빚어진 정치적 쟁점으로부터 분리하여 정치적 중립성을 지킬 수 있는 울타리 역할을 해 주고, 법정이 정치적 논쟁과 갈등의 장소로 변질되는 '사법의 정치화'를 방지해 온 측면이 있다.

이를 통해 정치적 쟁점과 갈등이 가급적 사법부의 울타리 안으로 들어오지 않고 정치의 영역에서 자연스럽게 해소되는 것을 촉진하였고, 그에 대한 궁극적인 평가는 일반 선거인인 유권자의 판단에 맡기도록 하였다.

이로써 모든 정치적 분쟁을 법적 판단 영역으로 가져와 법 집행을 상대방에 대한 공격 수단으로 이용하려 하는 '정치의 사법화' 현상 또한 억지하였다. 공직선거법상 허위사실공표죄의 적용에서 보여 준 선례의 사법 자제적인 태도는 민주주의 헌법을 수호하고 법원의 독립성과 재판의 공정성에 대한 국민의 신뢰를 높이는 데 크게 기여하였음을 유념할 필요가 있다.

다) 대법원이 이러한 선례의 방향성에 역행하여 선거의 공정성을 내세워 허위사실공표죄의 적용범위를 넓히는 해석 방향을 취하는 것은, 민주주의 발전의 역사를 후퇴시키는 퇴행적인 발상이다. 특히 위와 같은 해석 방향이 검사의 기소편의주의와 결합할 경우 민주주의 정치와 법원

의 정치적 중립성에 가해지는 위험은 심각할 수 있다.

역동적인 선거운동의 과정에서 펼쳐지는 각 정치집단의 다양한 정치적 공방 중에서 검사가 기소편의주의를 내세워 일부 표현만 임의로 선정하여 기소하는 상황을 가정하게 되면, 법원은 두루 이루어진 정치적 공방 중 기소된 당사자의 발언만을 법의 심판대에 올려놓고 재판할 수밖에 없다. 법원이 아무리 객관적이고 공정한 절차로 법에 충실하게 재판한들 국민으로부터 검사의 자의적 법집행에 동조한다는 비판을 피하기 어렵다.

5) 다수의견의 후보자발언 제한 법리는 민주주의 헌법체계에서 타당한 법리가 아니다. 공직 후보자는 특히 선거라는 국면에서 가장 중요한 발언의 주체로서 선거의 자유를 향유하는 권리 귀속자이므로, 누구보다도 후보자의 정치적 표현의 자유를 두텁게 보장하여야 할 필요가 있기 때문이다.

후보자의 발언이 빚어내는 부작용을 염려하여 후보자의 정치적 표현의 자유를 일반인보다 더 제한할 필요가 있다고 보는 발상은 마치 교각살우(矯角殺牛)의 상황이나 마찬가지이다.

오늘날 정보통신기술의 발달로 손쉽게 다양한 정보에 접근할 수 있게 되면서 선거인들이 거짓 정보를 가려내어 판단할 수 있는 능력을 갖추게 되었다. 선거 과정에서 거짓 정보가 과다하게 유통되는 상황을 방치해서는 안 되겠지만, 공적 쟁점에 관한 표현을 규제하고 평가하는 주체는 최종적으로 주권자인 국민이므로, 국민이 자율적으로 정보를 선택할 수 있게 하여야 한다.

이러한 흐름에서 세계적으로도 선거 과정에서 정치적 표현의 자유를 확대하여 오고 있다. 표현의 주체와 대상 등에 따라 정치적 표현의 자유를 향유하는 정도를 달리 해석하는 다수의견의 논리는 선거인에게 올바른 정보를 제공한다는 명목 아래 수사기관 또는 법원이 올바른지 아닌지 판단하겠다는 것이나 마찬가지이다.

이는 주권자인 국민의 자율성을 무시하는 처사로서 결국 선거운동에 대한 규제를 넓히는 구시대적 사고이다. 이는 명목상으로는 국민의 알권리를 내세우지만, 궁극적으로는 국가가 알권리의 범위를 선별하고 조율하겠다는 것과 다르지 않다. 선례는 공직 후보자라고 하여 정치적 표현의 자유가 보호되는 정도를 달리 판단하지 않았다.

최근 대법원이 허위사실공표죄의 성립 범위를 제한하여 피고인의 정치적 표현의 자유를 확장하는 취지에서 원심의 유죄판결을 파기환송한 사례들은 대부분 공직 후보자가 한 발언이 문제된 사안이었다.

이 사건은 피고인이 먼저 상대 후보자를 공격하거나 상대 후보자를 상대로 무분별한 의혹을 제기한 사안이 아니다. 정치적 대립 관계에 있는 상대방이 제기한 정치적 의혹을 방어하기 위하여 한 해명성 발언일 뿐이다.

단지 공직을 맡으려는 후보자가 자신에 관한 사항에 대하여 발언한 내용이라는 이유만으로 발언의 내용과 경과를 가리지 않고 엄격한 규제의 잣대를 들이미는 것은 그동안 선거의 공정과 선거운동의 자유 사이에서 후보자의 정치적 표현의 자유를 확장하기 위해 노력해 온 최근 대법원의 일관된 선례의 태도와 배치되는 것이어서 받아들일 수 없다.

다. 이 사건 골프 발언 관련 허위사실 공표에 의한 공직선거법위반죄에 관하여

1) 이 사건 골프 발언은 '국민의힘에서 공개한 사진이 조작되었다'는 의미로 해석하는 것이 발언의 문언과 문구의 연결방법 그 자체에 충실하다. 이는 이 사건 골프 발언이 표현된 전체적인 취지와 맥락을 충분히 고려한 것으로서 일반 선거인이 그 표현을 접하는 통상의 방법에 부합하는 해석이다.

이와 같이 이 사건 골프 발언은 다수의견과 다른 의미로 해석될 여지가 많다. 다의적으로 해석될 수 있는 발언에 관하여 다른 합리적 해석의 가능성을 배제한 채 공소사실에 부합하는 취지로만 해석한 다음, 피고인이 공소외 1과 골프를 치지 않았다는 사실을 공표한 것이라고 보아 이 사건 골프 발언을 공직선거법 제250조 제1항이 정한 허위사실 공표로 인정한 다수의견의 논거와 결론은 다수의견이 제시한 선례에 부합하지 않으므로 이에 동의할 수 없다.

가) 어떤 표현이 공직선거법 제250조 제1항이 정한 '허위사실 공표'에 해당하는지를 판단하기 위해서 그 표현의 의미를 확정할 때, 표현한 사람의 내심의 의도나 개인적 이해득실 등 주관적 사정에 따라 그 표현의 객관적 의미가 좌우된다고 할 수 없으므로, 이러한 주관적 사정은 겉으로 드러나지 않은 이상 표현의 해석에 고려할 것은 아니다(대법원 2003. 2. 20. 선고 2001도6138 전원합의체 판결, 대법원 2010. 2. 11. 선고 2009도8947 판결, 대법원 2024. 10. 31. 선고 2023도16586 판결 등 참조).

다의적으로 해석될 수 있는 발언에 관하여, 다른 합리적 해석의 가능성을 배제한 채 공소사실에 부합하는 취지로만 해석하는 것은, 정치적 표현의 자유와 선거운동의 자유의 헌법적 의의와 중요성을 충분히 반영하지 않은 결과가 되고, '의심스러울 때는 피고인에게 유리하게'라는 형사법의 기본 원칙에도 반한다(대법원 2020. 12. 24. 선고 2019

도12901 판결, 대법원 2024. 10. 31. 선고 2023도16586 판결 등 참조).

나) 발언의 해석은 1차적으로 해당 발언의 문언 그 자체에 충실하여야 한다. 그러나 이 사건 골프 발언의 해석과 관련한 다수의견의 판단은, 이 사건 골프 발언의 배경사실인 피고인과 공소외 1의 골프 동반 의혹이 제기된 사정을 지나치게 중시하여 이에 따른 피고인의 내심의 발언 의도 등을 유추하여 해석한 것일 뿐 이 사건 골프 발언의 문언 그 자체에 충실한 해석이 아니다.

(1) 이 사건 골프 발언의 문법상 구조는 다음과 같다.

> ① 국민의힘에서(주어) 사진을(목적어) 찍어가지고(제1서술어) 마치 제가 골프를 친 것처럼(부사절) 사진을(목적어) 공개했던데(제2서술어), 제가 확인을 해 보니까(부사절) (국민의힘에서 - 주어 생략) 전체 우리 일행 단체 사진 중 일부를(목적어) 떼 내 가지고(제3서술어) 이렇게(부사어) 보여줬더군요(제4서술어).
> ② (주어 생략) 조작한 거지요(서술어).

(2) 이 사건 골프 발언은 선행 문장인 ① 부분과 후행 문장인 ② 부분으로 구성되어 있다. "마치 제가 골프를 친 것

처럼"이라는 어구는 선행 문장인 ① 부분에 속하고, "조작한 거지요"라는 어구는 후행 문장인 ② 부분에 속한다. "조작한 거지요"는 주어가 생략된 문장이고, 그 생략된 주어가 무엇인지가 이 사건의 쟁점이다.

(3) 다수의견은 이 사건 골프 발언 내에서 선행 문장에 있는 "마치 제가 골프를 친 것처럼"과 후행 문장에 있는 "조작한 거지요"가 호응관계에 있다고 보아 '피고인이 골프를 쳤다는 의혹'을 "조작한 거지요"의 주어로 해석한 것으로 보인다.

(4) 그러나 위 두 어구가 호응관계에 있다고 보는 것은 지나친 비약이다. "마치 제가 골프를 친 것처럼"이라는 말은 같은 문장 안에서 바로 뒤에 이어지는 "공개했던데"라는 제2서술어를 수식한다고 보는 것이 직관적인 해석이고 국어 문법상으로도 그러하다. 그리고 선행 문장에 속한 '국민의힘에서 사진을 찍어가지고 마치 제가 골프를 친 것처럼 사진을 공개했다'라는 부분은 상대방의 행위를 적시한 부분이다. 즉, 여기서 "마치 제가 골프를 친 것처럼"이라는 말은 오히려 상대방이 임의로 편집한 사진을 공개하

는 의도를 가리키는 것이다.

그 다음에 이어지는 부분인 "제가 확인을 해 보니까 전체 우리 일행 단체 사진 중 일부를 떼 내 가지고 이렇게 보여줬더군요."와 후행 문장인 "조작한 거지요"의 구성을 보면 "조작한 거지요"가 가리키는 "조작"의 대상은 그 바로 앞에 있는 '사진의 일부를 떼어낸 것'을 가리킨다고 보는 것이 역시 직관적인 해석이고 국어 문법상으로도 타당하다.

(5) 따라서 이 사건 골프 발언의 의미는 국민의힘에서 제기한 골프 동반 의혹이 조작되었다는 것이 아니라, 「국민의힘에서 공개한 사진이 조작되었다」고 보는 것이 이 사건 골프 발언의 문언 그 자체에 충실한 해석이다.

다) 다수의견은 이 사건 골프 발언의 선거인에 대한 전체적인 인상의 파악에서 피고인에게 유리한 사실은 제외하고 피고인에게 불리한 사실을 적극 반영하는 등 균형을 놓치고 있다. 특히 이 사건 골프 발언이 이루어진 가장 큰 원인과 동기는 며칠 전에 있었던 골프 동반 의혹 제기에

있고, 이때 증거로 제시된 이 사건 사진이 원본이 아닌 일부를 오린 것이어서 '조작된 것'으로 볼 여지가 있음에도 이를 고려하지 않고 있다.

이 사건 골프 발언은 위와 같이 일부를 오려낸 사진에 대한 반박의 의미도 있으므로, 이 사건 골프 발언의 의미를 확정할 때 의혹을 차단하려는 피고인의 의도 외에 조작된 사진의 존재도 중요한 맥락으로 고려되어야 한다. 다수의견은 후자를 배제한 채 전자만을 고려하는 우를 범하고 있다.

위 사진은 실제로는 10명이 골프장이 아닌 다른 곳에서 찍은 사진임에도 의혹 제기자인 국민의힘 소속 국회의원

공소외 3은 전체 사진의 가운데 부분만을 일부 오려내어 (오린 부분이 전체 사진의 1/12에 미치지 않는다) SNS에 게시하여 피고인과 공소외 2, 공소외 1 등 4인만 화면에 나오도록 함으로써 보는 사람에게 사실과 다르게 사진 촬영 당시 현장에 4인만이 있었다는 인상을 주었다.

나아가 위 사진과 함께 "□□□ 후보님. 호주, 뉴질랜드 출장 가서 골프도 치신 건가요? 곁에 서 있는 고 공소외 1 처장과 한 팀으로 치신 건 아닌지요? 혹은 그냥 아무 모자나 쓰다 보니 우연히 골프모자(상호 생략)에 '볼마커'가 꽂힌 채로 쓰고 사진 찍으신 건가요?"라고 기재함으로써, 이 발언을 접하는 사람에게 위 사진은 피고인이 공소외 1 등과 어울려 골프를 치는 모습을 담은 것이라는 인상을 주었다.

'조작'의 사전적 의미가 '어떤 일을 사실인 듯이 꾸며 만듦'이므로, 10명이 찍은 원본 사진의 1/12가량을 오려내어 그것이 원본 사진인 것처럼 꾸며 만들어 제시한 공소외 3의 행위는 '조작'에 해당한다고 할 수 있다. 피고인은 이 사건 골프 발언을 통하여 이러한 점을 지적하고자 하였다.

골프 동반 의혹 제기 시 증거로 제시된 사진의 '조작 여부'의 문제가 이 사건 골프 발언에 미친 영향과 상호작용이 상당함에도, 다수의견은 이를 의도적으로 축소하고 그 의미를 소거하여 판단함으로써 이 사건 골프 발언이 이루어진 경과 등에 대한 전체적인 취지와 맥락의 파악에 실패하였다. 이러한 다수의견은 공표된 발언의 의미 확정 및 해석방법으로 제시한 선례에 따른 표현의 해석 방법이 아니다.

라) 이 사건 골프 발언은 다의적으로 해석될 수 있다.

(1) 피고인은 제4 방송 당시 질문자로부터 '공소외 1과 골프를 쳤느냐 안 쳤느냐'에 관한 것이 아니라 '공소외 1을 아느냐 모르느냐'에 관한 질문을 받았으므로 적극적으로 공소외 1과의 골프 동반 유무를 밝힐 필요가 없었다. 피고인은 단지 '공소외 1을 모른다고 했던 것이 거짓말이라는 의혹을 갖고 있는 사람들을 어떻게 설득할 것인지'라는 질문자의 질문에 대하여 자신에게 제기된 공소외 1 관련 의혹을 해명하는 과정에서 이 사건 골프 발언을 하였을 뿐이다.

(2) 이 사건 골프 발언에는 '피고인이 공소외 1과 함께 간 해외출장 기간 중에 공소외 1과 골프를 치지 않았다'는 의미가 직접적으로 드러나지 않는다. 그럼에도 다수의견은 피고인의 내심의 의도를 유추하여 피고인이 그렇게 직접적으로 발언한 것과 마찬가지라는 해석을 하고 있다. 그러나 앞서 본 바와 같이 이 사건 골프 발언은 '국민의힘에서 공개한 사진이 조작되었다'는 의미로도 해석될 수 있는 다의적인 뉘앙스를 내포하고 있다.

(3) 이 사건 골프 발언은 '피고인이 공소외 1을 모른다고 한 것이 사실인가'라는 하나의 질문에 대한 일련의 발언 중 모른다는 답변을 뒷받침하기 위하여 나온 진술이다. 피고인은 이 사건 골프 발언 직전에 '여행이나 출장을 같이 갔고 표창장도 주었다고 하는데 그 사람이 공소외 1이라는 것을 기억하지 못한다'는 취지의 발언을 하였고, 이 사건 골프 발언 직후에는 '지금 그 사진을 봐도 그 사진에 나오는 사람의 절반은 기억하지 못한다'는 취지의 발언을 하였다.

이와 같이 이 사건 골프 발언은 성남시장 재직 시 공소외 1을 알았는지, 몰랐는지에 관한 질문자의 하나의 주제에 관한 질문에 대하여 이 사건 골프 발언 전후의 발언들과 함께 하나의 답변으로 행해진 일련의 발언이라는 점에서 다수의견의 의미 확정 추가 법리가 적용될 여지가 있고, 결국 전체적으로 피고인이 성남시장 시절 공소외 1을 몰랐다는 취지로서 그 전후의 발언들과 구별되는 독자적인 의미를 갖지 않는다고 볼 여지도 크다.

다수의견은, 이러한 맥락은 전부 소거한 채 일반 선거인이 이러한 전후 맥락 없이 '골프를 친 것처럼'이라는 표현만을 접하는 것을 전제로 전체 발언을 골프를 치지 않았다는 의미로 해석하였다. 즉, 이 사건 골프 발언은 이 사건 사진에 나오는 공소외 1과 함께 골프를 쳤다는 구체적 교유행위를 부정하는 취지이기 때문에, 이를 듣는 일반 선거인으로서는 피고인이 공소외 1과 해외출장을 동행했지만 '해외출장 기간 중에 공소외 1과 골프를 치지 않았다'는 의미로 받아들이게 된다는 것이다.

그러나 이는 선례에 따른 허위사실공표죄에서의 발언의 의미를 확정하는 방법에 반하는 것으로 받아들이기 어렵다. 다수의견은 피고인이 해외출장 기간 중에 공소외 1과 골프를 쳤는지 안 쳤는지에 관하여 전혀 발언하지 않은 이 사건에서 앞의 문장에 나온 '마치 제가 골프를 친 것처럼'이라는 문구와 맨 뒷 문장의 '조작'이라는 말을 부자연스럽게 결합하여 새로운 적극적인 의미를 창출하고 있다. 설령 의혹을 차단하려는 피고인의 내심의 의사에 부합할 수는 있어도, 허위사실공표죄가 그러한 내심의 의사를 처벌하기 위하여 존재하는 것은 아니다.

(4) 다수의견과 같이 '표창장 수여나 해외출장과 같은 일반적·공적 만남이나 회동이 아닌 동반 골프라고 하는 내밀한 사교적 교유행위가 피고인과 공소외 1 사이에 있었다는 의혹이 있었고, 소수의 인원이 장기간 함께하면서 운동하며 대화를 나누는 골프의 특성을 고려'하더라도, 이 사건 골프 발언의 전체적인 특성상 이를 중요한 사항으로서 허위사실공표죄의 '허위의 사실'에 포함시키는 것은 부당하다.

이 사건 골프 발언은 실제 골프 동반 모임이 있었던 2015. 1. 12.로부터 6년 11개월가량이 지난 2021. 12.

29.에 있었고, 성남도시개발공사의 하위 직급인 공소외 1은 피고인이 아니라 자신의 상사인 공소외 2를 수행하기 위하여 골프 모임에 동반하였을 가능성이 크다.

피고인은 공소외 3이 제시한 사진을 보고도 공소외 1이 기억나지 않았다거나 공소외 1과 골프를 친 사실이 기억나지 않는다고 말한 것은 아니다. 피고인은 이미 그 이전에도 '최근에 재판을 받게 되면서 관계인으로서 접촉하면서 공소외 1을 알게 되었으며, 성남시장 시절에는 기억이 나지 않는다'는 취지로 말하고 있었으므로, 그와 같이 그 사진의 제시 이전에 '자신이 공소외 1을 기억하지 못한다고 말하여 온 것이 거짓말이 아니다'는 취지의 말을 강조한 것이다.

이 사건 사진 제시와 함께 골프 동반 의혹 발언을 접하였을 때 피고인으로서는 오래 전에 있었던 공소외 1과의 골프 동반 사실이 기억났을 수도 있지만, 이 사건 골프 발언 시 골프 동반 사실을 적극적으로 인정하거나 이에 관하여 언급하는 것을 피하였다고 하여 이러한 소극적 태도를 이유로 이 사건 골프 발언의 의미의 외연을 "공소외 1과 골프를 치지 않았다"는 적극적인 의미로 확장 해석하여서는 안 된다.

(5) 이 사건 골프 발언은 궁극적으로 과거 6, 7년 전에 있었던 발언자의 행위나 교유관계에 관한 기억을 주제로 한 발언에 불과하고 위와 같이 다른 의미로 해석될 여지가 큼에도, 다른 합리적 해석의 가능성을 배제한 채 공소사실 ❷ 발언에 부합하는 취지로만 해석하는 다수의견은 정치적 표현의 자유 및 선거운동의 자유의 헌법적 의의와 중요성을 충분히 고려하지 않은 결과로서, 죄형법정주의나 '의심스러울 때는 피고인에게 유리하게'라는 형사법의 기본 원칙에도 반한다.

(6) 다수의견처럼 이 사건 골프 발언을 허위 '사실'을 공표한 행위라고 확장 해석하는 방향성을 잡게 되면, 검사의 기소편의주의와 결합하여 여러 모로 우려스러운 결과를 낳을 수 있다.

이에 따르면 국민의힘 소속 국회의원 공소외 3이 골프장 아닌 다른 곳에서 10명이 찍은 단체사진의 1/12가량을 오려 4인만 나오는 사진을 만들어 원본처럼 제시한 다음, '호주, 뉴질랜드 출장 가서 공소외 1과 한 팀으로 골프를 쳤느냐'는 취지의 문자와 함께 SNS에 게시한 행위 또한 허위사실 공표행위인지 문제될 소지가 있다.

검사는 기소편의주의를 기초로 그중 피고인의 행위에 대하여만 기소하고 공소외 3의 행위는 기소하지 않았는데, 이는 법 집행에서 공정의 문제를 야기한다. 두 사람의 발언 모두 통상적인 정치적 공방 속에서 주고받을 수 있는 범위 내의 의혹제기와 해명 발언이라고 여겨지는 이상 이를 정치의 영역에 맡겨 선거인들이 평가하도록 하여야지, 법의 심판대에 세워 처벌하는 것은 바람직하지 않다.

라. 백현동 관련 허위사실 공표에 의한 공직선거법위반죄에 관하여

1) 허위사실 공표에 의한 공직선거법위반죄에서 발언의 의미를 확정하는 방법에 관하여 선언한 다수의견의 의미 확정 추가 법리는 특정된 하나의 주제에 관한 질문에

대한 답변으로 행해진 일련의 발언이라는 특수한 경우에서 적용되는 것으로, 기존 선례 법리의 연장선에서 그 의미를 부연하고 명확히 한 것으로 보인다.

이러한 사안에서 하나의 답변으로 연결된 발언 내용을 사후적으로 세분화하거나 인위적으로 분절하는 방법으로 표현 당시의 의미를 재구성하여 발언의 의미를 해석하는 것은 타당하지 않다는 점에는 동의한다. 그러나 이 사건 백현동 발언을 공직선거법 제250조 제1항이 정한 허위사실 공표로 인정한 다수의견의 논거와 결론에 동의할 수 없다.

허위사실 공표에 의한 공직선거법위반죄에서 발언의 의미 확정 방법에 관한 대법원의 선례나 다수의견의 의미 확정 추가 법리에 충실하게 이 사건 백현동 발언의 전체적인 취지와 맥락을 고려하면, 이 사건 백현동 발언은 다수의견과 달리 '백현동 부지의 용도지역 변경은 국토부의 압박 또는 법률상 요구에 의해 어쩔 수 없이 이루어진 것이므로, 백현동 부지 용도지역 변경 관련 특혜 의혹은 사실이 아니다'는 의미로도 충분히 해석될 수 있다.

이 사건 백현동 발언은 전체적으로 의견 표명에 해당하고, 세부사항에서 진실과 약간 차이가 나거나 다소 과장된 표현이 있다 하더라도 이를 허위의 사실이라고 볼 수 없다. 이러한 결론은 위 의미 확정에서 '법률상 요구에 의해' 대신 다수의견과 같이 '이 사건 의무조항에 의하여'를 넣어 이해하더라도 마찬가지이다. 의견 표명에 해당한다는 점에서 위 둘에 대한 법률적 평가에 유의미한 차이는 없다.

피고인은 성남시장으로 취임한 이후 도시개발이나 도시발전 과정에서 성남시의 이익을 확보하고 공공성을 확보하기 위해 여러 정책들을 추진해 왔다. 백현동 부지의 활용계획 또한 이러한 공공성 강화의 일환으로 추진된 정책 중 하나였다.

피고인은 중앙정부로부터 국책사업인 공공기관 지방이전계획의 추진에 도움이 되도록 식품연구원측의 제2종 일반주거지역으로의 용도지역 변경을 통해 아파트의 신축 등이 가능하도록 검토하여 달라는 요청을 계속적으로 받았고, 지방정부를 대표하여 공공성 강화 정책(R&D센터 등 유치)을 이끌던 피고인으로서는 중앙정부의 이러한 요청에 대하여 부담과 갈등을 겪던 중 최종적으로 식품연구원 측의 매각계획에도 도움이 되고 공공성 강화 정책(R&D센터 등 유치)도 만족시키는 절충안으로서 백현동 부지를 준주거지역으로 용도변경한 것으로 판단된다.

그럼에도 피고인이 지방자치단체장으로서 입안, 시행한 공공성 강화 정책에 대하여 정치적으로 공격을 받게 되자, 자신이 추진한 정책의 합리성, 정당성을 강조하거나 자신을 방어하는 과정에서 이 사건 백현동 발언을 하게 되었다. 그 과정에서 국토부가 식품연구원측의 제2종 일반주거지역으로의 용도지역 변경을 통해 아파트의 신축 등이 가능하도록 검토하여 달라는 요청을 계속 하여온 부분 등을 일컬어 '이 사건 의무조항에 따라 또는 법률에 따라' 국토부가 요구 또는 압박을 하였다고 해명한 것이다.

국토부가 이 사건 의무조항을 직접적인 근거로 하여 제2종 일반주거지역으로의 용도지역 변경을 요청한 적은 없지만, 이 사건 의무조항에 따른 여러 권한을 가지고 있고 그 실행도 검토한 적이 있는 국토부가 위와 같은 요청을 하였을 때, 피고인으로서는 백현동 부지의 용도지역 변경에 대한 정치적 책임을 '이 사건 의무조항에 따라 또는 법률에 따라' 요구 또는 압박을 한 국토부에 미루는 발언을 할 수도 있는 것이다.

결국, 이 사건 백현동 발언은 전체적으로 볼 때 피고인이 국회에서 과거 실행한 정책의 배경과 공과를 설명하면서 '피고인의 용도지역 변경 행위의 원인이 근본적으로 국토부의 요구에 있으므로 그 정치적 책임이 국토부에 있다'는 것을 강조한 것이다. 따라서 이는 의견 표명에 해당하고 허위사실공표죄를 구성하는 허위의 사실이라고 볼 수 없다.

특히 이 사건 백현동 발언은 ① '피고인의 행위(용도지역 변경)'에 대한 설명, ② '피고인의 행위'에 선행하는 원인으로서 '제3자의 행위(국토부의 요구)'에 대한 설명, ③ 피고인이 이해한 '제3자의 행위의 근거(이 사건 의무조항 등)'에 대한 설명이 복합적으로 한꺼번에 이루어지면서 피고인의 주관적인 평가도 혼재되어 있다.

이처럼 형사처벌 여부가 문제되는 표현이 사실을 드러

낸 것인지 아니면 의견이나 추상적 판단을 표명한 것인지 단정하기 어려운 표현인 경우에는 원칙적으로 의견이나 추상적 판단을 표명한 것으로 보는 것이, 그동안 선거의 공정과 선거운동의 자유 사이에서 정치적 표현의 자유를 확장하기 위해 노력해 온 대법원 판결례의 확고한 흐름에도 부합하는 해석이다. 아래에서 자세하게 살펴본다.

2) 먼저 다수의견은 이 사건 백현동 발언이 공소사실 ❹, ❺ 발언 외에 다른 의미로 해석될 수 없음을 전제로 하고 있다. 그러나 이 사건 백현동 발언은 원심의 해석과 같이 다의적으로 해석될 수 있으므로, 다른 합리적 해석의 가능성을 배제한 채 공소사실 ❹, ❺ 발언에 부합하는 취지로만 제한적으로 해석할 수 없다.

원심의 판단 방법에 이 사건 백현동 발언을 지나치게 세세히 구분하여 분석하는 등 일부 잘못이 발견되기는 하지만, 전체적인 취지와 맥락 등을 일반 선거인의 관점에서 통상적인 방법으로 해석하여 살펴보더라도, 이 사건 백현동 발언은 원심과 마찬가지로 '백현동 부지의 용도지역 변경은 국토부의 압박 또는 법률상 요구에 의하여 어쩔 수 없이 한 것이므로, 용도지역 변경과 관련한 특혜 의혹은 사실이 아니다'는 것으로 해석될 여지가 더 크다.

그러한 발언 중에 한 번 언급된 '이 사건 의무조항', '직무유기 협박' 등의 단어는 이러한 발언의 전체적인 취지를 설명하기 위한 배경사실 또는 세부 논거로 볼 수 있다.

다수의견은 이 사건 백현동 발언에 대한 원심의 의미 확정 방법에 대하여 다수의견의 의미 확정 추가 법리를 내세워 비판하면서도, 정작 다수의견 스스로 이 사건 백현동 발언의 전체적인 의미와 맥락을 고려하지 않고 인위적으로 일부 발언만을 떼어 내어 그 의미를 전체 발언의 내용인 것처럼 확장하여 해석하거나, 다의적으로 해석될 수 있는 이 사건 백현동 발언에 관하여 다른 합리적 해석의 가능성을 배제하는 모순적이고 협소한 논리를 전개하고 있다.

다수의견과 같이 이 사건 백현동 발언 전체를 공소사실 ❹, ❺ 발언으로만 해석하는 것은 다의적 의미를 담고 있는 정치적 의견에 해당하는 이 사건 백현동 발언을 피고인에게 불리한 방향으로 공소사실에 부합하는 취지로만 좁게 해석하는 것으로서 대법원의 선례뿐만 아니라 다수의견의 의미 확정 추가 법리에도 부합하지 않는 것이므로 동의할 수 없다.

가) 이 사건 백현동 발언에 이르기까지의 경위를 본다.

원심판결 이유와 원심이 적법하게 채택하여 조사한 증거에 따르면, 다음 사실을 알 수 있다.

(1) 백현동 부지의 매각 경과

(가) 국토부는 2006년경 공공기관 지방이전계획을 발표하면서 성남시 소재 5개 공공기관인 식품연구원, LH, ◇◇ 주식회사, ☆☆공사, ▽▽공사를 수도권에서 수도권이 아닌 지역으로 이전하는 이전공공기관으로 선정하였다.

(나) 식품연구원은 청사 소재지를 전북혁신도시로 이전할 계획이었고, 그 이전자금을 마련하기 위해 백현동 부지

(당시의 용도지역은 '녹지지역'이었다)를 민간에 매각하기로 하여, 2011년 8월경부터 2013년 4월경까지 백현동 부지에 대해 총 8회에 걸쳐 입찰을 진행하였으나 모두 유찰되었다.

(다) 식품연구원은 백현동 부지를 매각하지 못하다가 2014년 1월경 공소외 7 회사로부터 부지 매각을 제안받고, 2014. 1. 28.경 공소외 7 회사와 '2,140억 원에 백현동 부지 등을 공소외 7 회사에 매각하고, 공소외 7 회사는 백현동 부지 등 활용을 위한 각종 인허가를 추진하며, 식품연구원은 공소외 7 회사의 업무에 협조한다'는 취지의 합의서(MOU)를 작성하였다.

(라) 한편 2011. 5. 30. 혁신도시법 제43조 제3항이 개정되면서 종전부동산을 매입할 수 있는 기관이 지방자치단체, 매입공공기관 또는 지방공기업으로 확대되었고, 2011. 6. 29. 혁신도시법 시행령 제36조가 개정되어 매입공공기관으로 기존의 LH에 한국자산관리공사와 한국농어촌공사가 추가되었다.

성남시장인 피고인은 2011년부터 2013년까지 기자회견, 언론 인터뷰 등을 통하여 성남시는 백현동 부지를 포함하여 이전공공기관 종전부지에 대기업 및 R&D센터를 유치할 예정이고 대기업 및 R&D센터가 입지 희망 시 용도지역 변경을 적극 검토할 것이나 중앙정부가 이전공공기관 종전부지를 쉽게 팔기 위해서 성남시의 방침과 달리 매각 및 토지이용계획 변경을 강행할 경우 제반 행정절차에 협조하지 않겠다는 의사를 밝혔다.

(2) 식품연구원의 입안제안 및 성남시의 반려 처분, 국토부의 협조요청 공문

(가) 식품연구원은 성남시에 백현동 부지의 용도지역을 변경해 달라는 내용 등을 담은 제1, 2, 3차 입안제안을 하였는데, 그 무렵 국토부는 아래와 같이 성남시만을 특정하여 계속적으로 협조요청 공문 형태로 백현동 부지의 조속한 매각, 용도지역 변경 등에 협조해 줄 것을 요청하였다.

성남시는 식품연구원의 제1, 2차 입안제안(공동주택용지 62.8%, R&D용지 9.3%)에 대하여 R&D용지 비율이 낮아

백현동 부지에 R&D 센터 등을 조성하려는 성남시의 상위계획에 부합하지 않는다는 이유 등으로 반려하였다.

① 식품연구원이 2014. 4. 22. 제1차 입안제안을 하자, 국토부가 2014. 5. 21. 성남시에 "종전부동산 매각 관련 협조 요청(식품연구원)"이라는 제목의 공문을 보냈다.

② 성남시의 제1차 입안제안 거절 후 식품연구원이 2014. 9. 2. 제2차 입안제안을 하자, 국토부가 2014. 10. 1. 성남시에 "종전부동산 매각 관련 협조요청(식품연구원)"이라는 제목의 공문을 보냈다.

③ 성남시의 제2차 입안제안 거절 후 식품연구원이 2015. 1. 22. 제3차 입안제안을 하자, 국토부가 2015. 1. 26. 성남시에 "종전부동산 용도변경 등 협조요청"이라는 제목의 공문을 보냈다.

④ 위 각 공문의 취지는 정부가 「국가균형발전 특별법」 및 혁신도시법 등을 근거로 하여 공공기관의 지방이전과 공공기관 종전부동산의 매각을 추진하고 있고, 성남시 소

재 이전공공기관인 식품연구원 역시 지방이전을 추진하고 있으니, 식품연구원의 종전부동산이 적기에 매각되어 공공기관 지방이전시책이 원활히 추진될 수 있도록 백현동 부지의 용도지역 변경 등에 적극 협조해달라는 취지이다.

(나) 성남시는 2014. 11. 17. 국토부에 식품연구원의 입안제안이 R&D 센터 등 첨단산업을 조성하기로 예정되어 있는 상위계획에 저촉되는 상황임을 알리면서, 국토부의 종전 협조요청 공문(2014. 5. 21. 자 공문 및 2014. 10. 1. 자 공문)이 이 사건 의무조항에 근거한 것인지, 상위계획에 저촉됨에도 식품연구원의 요청사항대로 주거지역으로 용도변경이 가능한지 등을 질의하였다.

(다) 국토부는 2014. 12. 9. 자 회신을 통해 '종전부동산 매각 관련 협조요청 공문(2014. 5. 21. 및 2014. 10. 1.)은 이 사건 의무조항에 따른 것이 아니고, 성남도시기본계획상 백현동 부지는 공공기관 지방이전에 따른 종전부지 활용을 위해 R&D센터 등 복합형 시가화예정용지로 반영되어 있어 용도지역 변경은 가능할 것으로 판단되나, 다만 도시

기본계획은 도시의 장래발전방향을 제시하는 정책계획임을 감안하여 성남시에서 적의 판단하여야 할 사항'이라는 공문을 보냈다.

(라) 그러나 국토부는 용도지역 변경이 최종적으로 성남시가 적의 판단하여야 할 사항이라는 공문을 보낸 이후에도, 식품연구원이 2015. 1. 22. 제3차 입안제안(공동주택용지 45.5%, R&D용지 30.5%)을 하자, 곧바로 2015. 1. 26. 성남시에 '종전부동산의 효율적 이용과 원활한 매각을 위해 용도변경, 건축물의 층수 완화 등이 필요하다는 이전공공기관의 건의 등이 있어 이에 대한 협조를 요청하니, 공공기관 지방이전 시책이 원활히 추진될 수 있도록 적극 협조해 달라'는 취지의 공문을 보냈다.

(3) 백현동 부지의 매각 및 성남시의 도시관리계획 변경결정

(가) 식품연구원은 2015. 2. 27. 공소외 7 회사와 매매대금을 약 2,187억 원으로 하여 수의계약 방식으로 백현동 부지에 관한 매매계약을 체결하였다.

(나) 성남시는 2015. 9. 7. 식품연구원의 제3차 입안제안을 반영한 도시관리계획결정(변경)과 지형도면을 고시하였다. 그 내용은 백현동 부지의 용도지역을 '녹지지역'에서 '준주거지역'으로 변경하는 것 등이었다.

(4) 백현동 부지의 용도지역 상향 관련 특혜 의혹 제기 및 피고인의 대응

(가) 피고인은 제20대 대통령선거 후보자를 선출하기 위한 더불어민주당 경선이 진행되던 2021년 9월경부터 정치권이나 언론 등으로부터 성남시장 재직 시 추진한 백현동 개발사업과 관련하여 민간업자에게 특혜를 주었다는 의혹을 받고 있었다.

백현동 개발사업 특혜 의혹은 크게 ① 일반 경쟁이 아닌 수의계약 방식의 매매계약 체결 부분, ② 녹지지역에서 준주거지역으로의 4단계 용도지역 상향 부분, ③ 임대주택 비율 변경(100% → 10%) 부분 3가지였다. 피고인과 그 선거캠프는 백현동 개발사업 특혜 의혹 관련 언론 보도에 대하여 백현동 개발사업 특혜 의혹은 전적으로 사실이 아니라는 입장을 표명하면서 강한 어조로 대응해 왔다.

(나) 이 사건 국정감사 전날인 2021. 10. 19. 서울특별시에 대한 국정감사장에서, 서울특별시장은 서울특별시의 사무와는 무관한, 성남시에서 추진한 백현동 개발사업과 관련하여 ①, ②, ③ 의혹을 언급하면서 피고인에 대하여 선제적으로 정치적 공격을 하였다. 서울특별시장은 발언 도중에 미리 준비한 백현동 부지 관련 패널을 들어 보였고, 그 패널의 제목은 '성남시 백현동 개발 관련 3대 특혜 의혹'이었으며, 그 아래 3개의 소제목 중 '4단계 용도지역 상향 특혜'가 기재되어 있었다.

(다) 그 다음 날 이루어진 이 사건 국정감사에서 질의자인 공소외 6 위원은, 전날 서울특별시장이 들어 보인 패널과 동일한 패널을 제시한 후 피고인에게 제기된 3가지 백현동 개발사업 특혜 의혹 전반을 설명하면서, '백현동 부지 관련 특혜 의혹 제기가 모두 조작된 것이고, 백현동 부지 개발사업은 공소외 8 정부의 정부기관 지방이전정책에 성남시가 따르고 협조한 것이 전부'라고 말하였다.

그리고 이어서 '지사님, 백현동 사업에 특혜를 줬다고 생각하십니까? 백현동 개발사업에 지사님께서 성남시장 시절에 특혜를 줬다고 생각하시냐는 것을 제가 묻고 있습니다.'라고 질의하여 당시 확산되고 있던 백현동 개발사업 관련 특혜 의혹에 대한 피고인의 전면적인 입장 표명을 구하였다.

(라) 이에 대하여 피고인은 "전혀 사실이 아닙니다. 그것은 국토부가 요청해서 한 일이고 '공공기관 이전 특별법'에 따라서 저희가 응할 수밖에 없는 그런 상황입니다."는 발언을 시작으로 이 사건 백현동 발언을 하였다.

(마) 이어진 발언에서 피고인은 백현동 부지의 용도지역 변경 과정과 그 원인을 설명하였다. 이어진 설명과정에서, 피고인은 국토부의 용도지역 변경 요구의 세부적인 형태로, 국토부가 성남시에 5개 이전공공기관 종전부지에 대하여 보낸 '용도지역 변경 관련 공문'을, 국토부가 이 사건 의무조항을 가지고 만약 용도지역 변경을 안 해주면 직무유기 이런 것을 문제 삼겠다고 협박을 하였다는 내용을, 국토부가 백현동 부지에 대하여 보낸 '별도 지시 공문'을

언급하였다.

(바) 마지막으로 발언을 정리해 달라는 요청을 받은 피고인은 백현동 부지 용도지역 변경 특혜 의혹뿐만 아니라 백현동 개발사업 특혜 의혹 전반에 대하여 해명하면서, 백현동 개발사업 특혜 의혹은 사실이 아니라는 피고인의 의견 또는 입장을 표명하였다.

(사) 피고인은 앞서 본 일련의 발언을 통하여 자신 또는 성남시 공무원들이 국토부로부터 백현동 부지 용도지역 변경과 관련하여 장기간에 걸쳐 다각도로 받은 압박을 설명하였다. 그리고 여러 번 있었던 국토부의 용도지역 변경 요구를 공문, 국토부 협박 발언, 별도의 지시 공문 등에 의한 요구였음을 언급하였다.

결론적으로 피고인은 이러한 국토부의 계속된 요구를 접하면서 국토부의 용도지역 변경 요구를 법률에 근거한 요구로 이해하여 불가피하게 또는 어쩔 수 없이 따를 수밖에 없었다는 자신의 입장을 설명하였다.

(아) 이 사건 백현동 발언의 원문은 아래와 같다.

공소외 6 위원 : 두 번째 4단계 용도지역 상향 특혜라고 합니다. ... 누가 성남시에 용도변경을 요청했는지 아십니까? ... 2014. 4. 20. 공소외 8 정부의 국토부가 용도변경을 요청했습니다. ... 정부의 협조 요청에 용도지역 변경을 승인해 준 것인데 이것을 왜 □□□ 지사의 특혜라고 묻는 겁니까? 이것도 국힘의 조작입니다. ... (중략) 백현동 개발사업은 공소외 8 정부의 정부기관의 지방 이전정책에 성남시가 따르고 협조한 것이 전부입니다. 지사님, 백현동 사업에 특혜를 줬다고 생각하십니까? 백현동 개발사업에 지사님께서 성남시장 시절에 특혜를 줬다고 생각하시냐는 것을 제가 묻고 있습니다.

피고인 : 전혀 사실이 아닙니다. 그것은 국토부가 요청해서 한 일이고 공공기관 이전 특별법에 따라서 저희가 응할 수밖에 없는 그런 상황입니다. 좀 자세히 설명드려도 될까요?

공소외 6 위원 : 예, 좀 설명해 주십시오.

피고인 : 지금 이 식품연구원은 당시 공공기관 이전 5개 대상지 중의 하나였습니다. 당시에 정부 방침은 뭐였느냐 하면 똑같습니다. 이것을 민간에 매각해서 민간이 주상복합을 지어서 분양사업을 할 수 있게 해 주자가 이 당시 정부의 입장이었고 저희한테도 공문이 왔습니다. 앞으로 5개 공공기관 부지에 대해서는 정부가 요청하면 다 바꿔줘라, 주상복합을 지을 수 있도록. 그래서 당시에 제가 기자회견을 했습니다. 뭐라고 했느냐 하면 토지 용도변경을 해 가지고 분양수익을 수천 억씩 취득하는 것은 성남시로서는 허용할 수 없다. 반드시 성남시는 일정한 수익을 우리가 확보하고 주거단지가 아니라 업무시설을 유치하겠다. 이렇게 입장을 발표했습니다. 그런데 국토부에서 저희한테 다시 이런 식으로 압박이 왔는데 공공기관 이전 특별법에 보면 43조 6항이 있다. (패널을 들어 보이며) 국토부장관이 도시관리계획 이것

변경 요구하면 지방자치단체장은 반영해야 된다. 의무조항을 만들어 놨습니다. 이것을 가지고 만약에 안 해주면 직무유기 이런 것을 문제 삼겠다고 협박을 해서 제가 그때 낸 아이디어가 뭐냐 하면 반영은 해 주는데 다 해 주라는 말은 없으니까 조금만 반영해 주겠다. 이렇게 다시 기자회견을 해서 이것 사셔도 건축허가 안 해 줍니다, 요만큼만 해 줍니다, 요만큼만 바꿔줍니다 해서, 사실은 성남시 공공기관 이전부지 다섯 곳 매각이 몇 년 동안 불발됐던 거예요. 그래서 결론은 도로공사는 성남판교 제2테크노밸리로 개발했고 LH 부지는 서울대가 500억 싸게 인수해서 의생명단지를 만들어서 지역경제에 도움이 되고 있고, 나머지 백현 이 부분은 그냥 아파트 분양하겠다고 해서 저희가 해 주지 마라라고 버티다가 결국 다시 또 국토부가 식품연구원에 대해서만 별도의 공문을 보냈습니다. (공문을 들어 보이며) 뭐라고 보냈느냐 하면 종전 부동산 활용용도제한 등으로 매각에 어려움이 있다. 그러니까 애로사항 해소를 위해서 적극 참여해라. 도시계획 규제를 해제하고 발굴해라. 이런 지시공문이 다시 와서 저희가 불가피하게 용도는 바꿔 주는데 그냥은 못 해 주겠다. 공공기여를 할 것을 내놓으라고 해서 저희가 약 8,000평 정도의 R&D부지를 취득했습니다.

반장 공소외 9 : 정리 좀 해 주십시오.

피고인 : 취득하는 조건으로 용도변경도 해 주고, 그 다음에 아까 제시하신 게 있는데 이것도 공소외 10 위원님께서 많이 준비한 것 같으니까 미리 말씀을 잠깐 드리겠습니다. 이것을 매각한 것은 성남시 소유지가 아니고 공공기관 식품연구원 자체가 판 것이고 용도를 바꿔준 것은 국토부의 법률에 의한 요구에 따라 어쩔 수 없이 한 것이고, 대신에 임대를, 분양을 임대로 바꿔달라는 것은 식품연구원이 요청을 했는데 그 이유는 매각조건에 용도를 바꿔주고 인가를 도와준다는 부대조건이 있어서 식품연구원이 저희한테 요청했던 것이고, 이것 역시 법률에 의한 요구이기 때문에 저희가 바꿔주고 대신에 현재 시세로 최하 1,000억, 1,500억 정도 되는 성남시 공공용지를 확보했다 그 말씀 드립니다.

나) 위와 같은 경위사실을 배경으로 이 사건 백현동 발언의 전체적인 맥락과 논리적 흐름을 보면, 그 발언의 전체적인 의미가 공소사실 ❹ 발언과 같이 백현동 부지 용도지역 변경의 원인이 오로지 국토부의 이 사건 의무조항에 근거한 요구 때문이라는 단선적인 의미로 해석되지 않는다.

국토부 협박 발언 다음에 곧바로 이어진 발언 내용을 보면, '국토부가 이 사건 의무조항을 가지고 만약에 용도지역 변경을 안 해주면 직무유기를 문제 삼겠다는 협박을 하였으나, 그럼에도 국토부의 요구를 조금만 반영하는 방식으로 버텨 성남시 소재 공공기관 5개 종전부지가 몇 년에 걸쳐서 민간업체 매각이 불발되었다. 그 후 한국도로공사 종전부지, LH 종전부지와 달리 백현동 부지는 아파트를 분양하겠다고 해서 성남시가 계속해서 용도지역 변경을 안 해주고 버티다가 결국 국토부로부터 이 사건 공문이 다시 와서 불가피하게 백현동 부지의 용도지역 변경을 해주었다'는 것이다.

이러한 발언의 전체적인 내용과 논리적 흐름을 보면,

발언의 전체적 취지는 피고인 또는 성남시가 국토부로부터 장기간에 걸쳐 다각도로 백현동 부지의 용도지역 변경과 관련하여 여러 형태의 요구를 받았고, 그럼에도 계속적으로 버티다가 최종적으로 용도지역 변경을 할 수밖에 없었던 '순차적인 상황'을 설명한 것이라고 이해된다.

다) 이 사건 백현동 발언 중 국토부 협박 발언은, 피고인이 국토부의 이 사건 의무조항 등을 배경으로 한 법률상 요구로 어쩔 수 없이 백현동 부지의 용도지역을 변경하게 되었다고 설명한 국토부의 여러 형태의 요구 중 하나로 언급된 것에 불과하다. 이 부분 발언만을 떼어내어 발언의 전체적인 의미인 것처럼 확장 해석하는 것은 신중할 필요가 있다.

(1) 국토부 협박 발언에서 나온 '이 사건 의무조항', '직무유기 협박'이라는 용어는 국토부의 여러 형태의 용도지역 변경 요구를 설명하면서 사용되었다. 이 사건 백현동 발언을 전체적으로 접한 선거인으로서는 피고인의 국토부 협박 발언을 피고인이 설명한 국토부의 여러 요구 중 하나의 예시로 받아들였을 가능성이 있다.

(2) '이 사건 의무조항', '직무유기 협박'과 같은 단어가 일반 선거인에게 강한 인상을 남길 수 있다는 점은 부인할 수 없다. 그러나 당시 정치적으로 더불어민주당과 치열한 경쟁 관계에 있던 정당(국민의힘)의 당원인 서울특별시장이 서울특별시에 대한 국정감사 과정에서 서울특별시 사무와 무관한 백현동 개발사업 특혜 의혹을 적극 제기하면서 피고인에 대한 정치적 공세를 하고 있었으므로, 피고인으로서는 그에 대해 다급하게 방어할 필요가 있었다.

이러한 양측의 정치적 공격과 방어는 사회통념상 선거운동의 자유 범위 내의 것이라고 할 수 있다. 이러한 단어가 주는 인상도 이러한 정치적 상황이나 이 사건 백현동 발언 전체의 맥락과 취지와의 연관 아래에서 고려하여야 한다. 앞서 본 바와 같이 피고인은 이 사건 백현동 발언을 통해 그 당시 불거진 특혜 의혹에 대해서, 자신이 성남시장으로서 백현동 부지 개발 등과 관련하여 정책을 추진, 결정, 실행했던 사항들을 구체적으로 설명하면서, 장기간에 걸쳐 다각도로 행해진 국토부의 용도지역 변경 요구를 강력한 방어의 어투로 표현한 것이다.

(3) 이와 같이 전체 발언 중 일부에 불과하고 반복하여 언급되지 않은 국토부 협박 발언을 다른 발언 내용과 떼어내어 이 사건 백현동 발언의 핵심적인 의미인 것처럼 확대 해석하는 것은 발언의 전체적인 의미를 왜곡할 수 있다.

(4) 이 사건 백현동 발언은 모든 국민의 관심이 집중되고 각 정치 진영 간 갈등이 고조·가열되어 있는 대통령선거라는 고도의 정치 영역에서 정치적 공격과 방어 과정에서 나온 것이다. 발언 안에는 과장이나 진실과 다소간 차이가 나는 표현들이 두루 섞여 있다.

이러한 발언들의 의미를 엄격하게 해석하여 규제하는 것은 스스로 정보를 분석, 판단할 수 있는 일반 선거인의 정치적 결정권 행사에 오히려 지장을 준다. 정치적 갈등과 분쟁은 가급적 정치의 영역에서 해소되어야 하고, 그 과정에서 나온 다소 부적절한 표현들은 사법권의 개입이 아닌 선거인의 투표를 통한 심판에 의하여 규제되어야 한다.

3) 다수의견은, 이 사건 백현동 발언을 의견 표명으로 볼 수 없고 허위사실을 공표한 것이라고 주장한다. 그러

나 이 사건 백현동 발언은 '전체적'으로 보아 의견 표명에 해당하고, 세부에 있어서 진실과 약간 차이가 나거나 다소 과장된 표현이 있다고 하여 전체 진술을 허위라고 평가할 수는 없다.

가) 공직선거법 제250조 제1항에서 말하는 '사실'의 공표란 가치판단이나 평가를 내용으로 하는 의견 표현에 대치되는 개념으로 시간과 공간적으로 구체적인 과거 또는 현재의 사실관계에 관한 보고나 진술을 의미하며 그 표현 내용이 증거에 의해 증명이 가능한 것을 말한다.

형사처벌 여부가 문제되는 표현이 사실을 드러낸 것인지 아니면 의견이나 추상적 판단을 표명한 것인지를 구별할 때에는 언어의 통상적 의미와 용법, 증명가능성, 문제된 말이 사용된 문맥과 표현의 전체적인 취지, 표현의 경위와 사회적 맥락 등을 고려하여 판단하되, 헌법상 표현의 자유의 우월적 지위, 형벌법규 해석의 원칙에 비추어 어느 범주에 속한다고 단정하기 어려운 표현인 경우에는 원칙적으로 의견이나 추상적 판단을 표명한 것으로 파악하여야 한다(대법원 2020. 7. 16. 선고 2019도13328 전원합의체 판결, 대법원 2020. 12. 24. 선고 2019도12901 판결, 대법원 2024. 10. 31. 선고 2023도16586 판결 등 참조).

공표된 사실의 내용 전체의 취지를 살펴볼 때 중요한 부분이 객관적 사실과 합치되는 경우에는 세부에 있어서 진실과 약간 차이가 나거나 다소 과장된 표현이 있다 하더라도 이를 허위의 사실이라고 볼 수 없고, 의견과 사실이 혼재되어 있는 표현에 대하여는 이를 전체적으로 보아 사실을 공표하였는지 여부를 판단하여야 한다(대법원 2009. 3. 12. 선고 2009도26 판결, 대법원 2015. 8. 13. 선고 2015도7172 판결 등 참조).

나) 이 사건 백현동 발언은 대통령선거의 후보자인 피고인이 자신에게 제기된 정치적 의혹에 대하여 자기 자신을 방어하는 맥락에서 이루어진 발언이므로, 이 사건 백현동 발언에 표현된 용도지역 변경의 원인에 대한 법적 평가 역시 위와 같은 입장 표명의 맥락 또는 연장선에서 이루어져야 한다.

(1) 앞서 본 것처럼 당시 서울특별시장이 서울특별시에

대한 국정감사 과정에서 서울특별시 사무와 무관한 백현동 개발사업 특혜의혹을 적극 제기하는 정치적 공세를 하는 상황이었기에, 피고인이 그에 대해 다급하게 방어하는 과정에서 백현동 부지의 용도지역 변경 과정과 그 원인을 설명할 필요가 있었다.

(2) 피고인이 하고자 한 말의 핵심은 '백현동 부지 용도지역 변경과 관련한 특혜 의혹은 사실이 아니다'는 것이고, 구체적 내용으로서 '국토부의 압박 또는 법률상 요구에 협조하여 백현동 부지의 용도지역 변경이 이루어진 것이지 피고인 또는 성남시가 주도한 용도지역 변경이 아니다'라는 점을 밝혔다.

그렇다면 이 사건 백현동 발언은, 전체적으로 백현동 부지 용도지역 변경 관련 특혜 의혹에 대하여, 피고인이 어쩔 수 없이 용도지역 변경을 한 것이므로 특혜 의혹은 사실이 아니라는 자신의 입장 또는 의견을 표명한 것으로 볼 수 있다.

다) 이 사건 백현동 발언은 발언자 자신의 행위와 관련

하여 그 원인이 제3자의 행위에 있음을 지목하는 내용이라는 특징을 가지므로 이를 고려하여야 한다. 피고인의 용도지역 변경 행위는 진실임을 전제로 하여 그 행위의 원인으로 지목된 제3자(국토부)의 행위가 존재하는지, 국토부의 행위가 피고인의 용도지역 변경 행위의 원인인지가 문제된다.

이때 행위의 원인으로 지목된 제3자의 행위가 존재하는 경우, 객관적으로 제3자의 행위가 유일한 원인이 아니더라도 발언자의 입장에서 볼 때 인과관계를 인정할 여지가 일부라도 있다면, 제3자의 행위를 원인으로 지목한 발언을 함부로 허위의 사실이라고 판단하면 안 된다.

적어도 제3자의 행위가 원인이 되는 여러 요소 중의 하나라면, 발언자는 이를 더 중요한 요소로 부각하여 제시할 수도 있으므로, 이를 허위라고 단정할 수는 없다. 이러한 행위의 인과관계에 관한 진술은 사실에 관한 진술과 원인을 둘러싼 평가나 의견에 관한 진술이 혼재되어 있는 경우가 많기 때문이다.

(1) 검사가 이 사건 백현동 발언 중 허위사실 공표로 기소한 부분은 피고인 행위(백현동 부지의 용도지역 변경행위)의 원인을 설명한 부분이 허위라는 것이다. 그렇다면 이 부분에서 허위성을 판단하는 핵심은 용도지역 변경 행위의 원인, 즉 인과관계에 관한 진술이 허위의 사실인지에 있다.

원심이 자세히 설시한 백현동 부지의 용도지역 변경 과정을 보면, 피고인이 성남시의 원래 방침과 달리 주거단지 조성이 가능하도록 백현동 부지의 용도지역 변경 결정을 한 것은 사실이고, 그와 같이 최종적으로 용도지역 변경 결정을 하게 된 것은 국토부의 장기간에 걸친 압박 또는 이 사건 의무조항 등을 배경으로 한 법률상 요구가 그 원인으로서 상당한 비중을 차지하였을 가능성이 충분히 있다.

(가) 국토부는 2014. 12. 9. 자 공문 이전에 2012년경 혁신도시법 제43조 제3항에 기하여 한국자산관리공사 등 공공기관에 매입을 타진하는 등 이 사건 의무조항 적용의 전제가 되는 절차를 진행하려 하였다. 그 이후로도 이러한

권한을 배경으로 하여 성남시에 대하여 식품연구원과 공소외 7 회사의 제2종 일반주거지역으로의 용도지역 변경 신청을 허용하여 이를 지원하여 달라는 취지의 태도와 입장을 계속적으로 보여 왔다.

(나) 성남시는 오랜 기간 이전공공기관 종전부지를 민간업자에게 매각하는 정부의 방침에 반대하여 왔고, 백현동 부지를 R&D센터 등 첨단산업단지로 조성할 계획이었다. 성남시와 식품연구원, 국토부 사이에 2014. 12. 9. 자 공문 이전에 장기간에 걸쳐 주고받은 공문 등을 보면, 피고인은 당초의 성남시 계획을 반영하여 R&D용지 비율을 최대한 확보함으로써 성남시의 이익을 추구하였음이 드러난다.

그 과정에서 국토부로부터 제2종 일반주거지역으로의 용도지역 변경과 관련한 거듭된 요구가 뒤따르자, 결국 R&D용지 비율을 최대한 확보하려는 성남시의 이익과 주거용지 비율을 최대한 확보하려는 식품연구원의 요구 사이에서 절충적 방안으로서 준주거지역으로의 용도지역 변경을 택한 것으로 보인다.

(다) 성남시가 내부적으로 백현동 부지의 용도지역 변경을 자체적으로 검토한 부분이 있다고 하더라도, 이는 식품연구원의 계속된 용도지역 변경 요구와 이 사건 의무조항 등 혁신도시법 제43조에 기한 권한을 가지고 있는 국토부가 식품연구원 측 용도지역 변경 신청에 힘을 실어주는 요청을 거듭하자 피고인의 발언처럼 더 이상 버티기 어려워 성남시의 이익을 최소한이라도 확보하기 위해 나름의 방안을 모색한 것일 수 있다.

국토부가 위와 같이 용도지역 변경 협조 요청, 신속한 매각을 재촉하지 않았다면 성남시로서는 시간이 걸리더라도 성남시가 원하는 방향으로 R&D용지를 더 많이 확보하거나 업무시설을 유치하여 성남시의 원래 방침에 부합하도록 백현동 부지를 활용하였을 가능성을 배제할 수 없다.

(2) 이와 같이 피고인의 용도지역 변경 행위의 원인은 여러 가지가 있을 수 있다.

아래 표는 그러한 원인과 영향의 예시이다. 국토부가

2014. 12. 9.자 공문 이전에 매입공공기관에 매입의견을 조회하는 등 이 사건 의무조항 적용의 전제가 되는 절차를 진행한 적이 있고, 이 사건 의무조항을 적용할 권한을 가진 국토부의 계속된 협조 요구가 피고인의 행위에 대한 원인 중의 하나로 인정할 수 있는 이상, 피고인이 비록 모든 사항을 고려하여 지방자치단체장의 권한을 행사하여 용도지역 변경을 한 것이더라도 정치적으로 자신의 정책 집행의 정당성을 주장하기 위하여 국토부의 요구를 원인으로 지목한 것을 두고 이를 허위라고 볼 수는 없다.

원인의 구성요소	국토부의 2014. 12. 9. 자 공문 이전 이 사건 의무조항 관련 행위 등	경기도와 성남시의 백현동의 개발에 관한 원래 방침	R&D 부지의 최대 확보를 위한 정치적 타협 - 성남시의 이득과 손실 계산	피고인 자신의 정치적 입지나 영향력에 미치는 파급효	언론이나 성남시민의 의견 등 여론
영향력	↘	↘	↓	↗	↗
행위	피고인의 준주거지역 용도지역 변경 행위				

(3) 다수의견은 국토부가 2014. 12. 9.자 공문에서 이 사건 의무조항에 기한 사항이 아님을 명시적으로 밝혔으므로, 국토부의 그 이전의 행위들은 그 이후의 성남시의

용도지역 변경과 인과관계가 단절되었고, 그 이후로 국토부가 이 사건 의무조항에 의한 용도지역 변경을 요구한 적이 없는 이상 피고인이 자신의 용도지역 변경 행위의 원인으로 지목한 국토부의 용도지역 변경 요구행위는 더 이상 존재하지 않으며, 피고인의 행위의 원인으로 작용하지도 않았다는 입장으로 볼 수 있다.

피고인은 위 공문을 받은 이후에 용도지역 변경 결정을 하였으므로, 피고인의 행위는 위 공문을 받기 이전의 국토부의 행위나 입장과는 인과관계가 단절된 후에 피고인의 독자적이고 자체적인 판단에 의한 것이므로, 국토부의 요구를 용도지역 변경의 원인으로 지목하는 것은 허위라고 보는 것이다.

그러나 국토부는 2014. 12. 9. 자 공문 이전에 한국자산관리공사 등 공공기관에 매입을 타진하는 등 이 사건 의무조항 적용의 전제가 되는 절차를 진행하려 하였다. 그 이후로도 이러한 권한을 배경으로 제2종 일반주거지역으로의 용도지역 변경을 허용하도록 지원하여 달라는 취지의 태도와 입장을 계속적으로 성남시에 보여 왔다.

성남시가 2014. 11. 17. 자 공문으로 국토부에 종전 협조요청 공문(2014. 5. 21. 자 공문 및 2014. 10. 1. 자 공문)이 이 사건 의무조항에 근거한 것인지 등을 질의하였던 것을 보더라도, 성남시로서는 국토부의 위와 같은 입장을 이 사건 의무조항을 배경으로 한 것으로 이해하고 있었음을 보여준다.

성남시로서는 2014. 12. 9. 자 공문 이후에도 그 이전의 요구를 계속 거절할 경우 국토부가 다시 이 사건 의무조항을 실행하려는 방향으로 돌아갈 것을 염두에 두지 않을 수 없었을 것이다.

다수의견의 논리는 2014. 12. 9. 자 공문 전후의 이러한 사정을 용도지역 변경 행위의 원인으로부터 완전히 단절시켜 판단하는 것으로서 부당하다. 이는 이 사건 백현동 발언이 표현된 전체적인 취지와 맥락을 충분히 고려한 것도 아니고 일반 선거인이 그 표현을 접하는 통상의 방법에 부합하는 해석도 아니므로, 동의할 수 없다.

다수의견이 취한 논리는, 피고인의 행위(용도지역 변경

결정)에 관한 진술의 허위성을 판단할 때, 마치 형사사건에서 유무죄를 놓고 행위와 결과 사이의 인과관계를 판단하거나 민사상 불법행위에서 상당인과관계를 판단할 때와 유사한 태도이다.

행위의 원인에 대한 진술의 허위성을 판단할 때 위와 같은 정도의 인과관계가 인정되지 않으면 허위라고 단정하는 태도는 매우 위험하다. 행위의 인과관계를 설명하는 발언은 행위자의 주관적인 평가가 많이 가미될 수밖에 없는 영역으로서, 허위성 판단에서 사실과 의견의 중간 영역에 존재하는 경우가 많기 때문이다.

다수의견과 같이 여기서 상당인과관계처럼 높은 수준의 인과관계를 요구하는 것은 허위사실공표죄를 판단하는 온당한 태도라고 할 수 없고, '의심스러우면 피고인의 이익으로'라는 형사법의 대원칙에도 반한다.

(4) 이와 같이 피고인이 성남시를 대표하여 최종적으로 백현동 부지의 용도지역 변경을 결정하게 된 원인에 여러 가지 요소가 복합적으로 작용한 것이라면, 그 원인을 하나

로 특정하기란 쉽지 않다.

피고인으로서는 지방자치단체장으로서 지속적으로 추진한 정책이 일부 좌절되는 과정에서 자신의 정책 방향과는 다른 국토부의 압박이 가장 큰 원인이 되었다고 여길 수 있다.

대통령선거의 후보자인 피고인이 '민간업자에게 특혜를 주기 위해 백현동 부지의 용도지역을 변경해 준 것이라는 공격'을 받고 있는 상황에서 그러한 의혹이 사실이 아님을 강조할 필요가 있었던 점을 고려하면, 최종적인 결정에 이르게 된 원인에 상당한 비중을 차지한 국토부의 요구를 용도지역 변경의 원인으로 보아, '어쩔 수 없이' 백현동 부지의 용도지역을 변경하게 된 것이라고 표현한 것이 허위의 사실이라고 보기는 어렵다.

(5) 지방자치단체장으로서 피고인은 자신의 권한에 따라 정책을 입안하고 집행하는 과정에서 정치적, 법률적, 행정적 요소에 따라 국가(국토부) 또는 상위 지방자치단체장과 사이에 협력 또는 긴장관계를 경험하게 되고, 국토부

등과의 조율 아래 자신이 가진 재량권을 적절히 행사하여 자체적으로 최종적인 결정을 하게 된다.

이 사건 용도지역 변경 행위도 그러한 과정의 하나일 뿐 특별히 위법적 요소가 있다거나 이례적인 것이라고 볼 정도는 아니다. 피고인이 자신의 용도지역 변경 행위의 원인이 국토부의 이 사건 의무조항 등을 배경으로 한 법률에 따른 요구라고 발언한 것은 내용의 적정성을 떠나서 그 정치적 책임이 궁극적으로 국토부에 있다는 것을 강조한 언급으로 이해하여야 한다.

라) 이와 같이 이 사건 백현동 발언의 핵심적 부분을 허위라고 볼 수 없는 이상 거기에 포함된 과장된 일부 표현을 근거로 허위사실공표죄로 처벌할 수 없다.

(1) 피고인이 자신의 용도지역 변경 행위의 원인으로 지목한 국토부의 행위나 국토부의 행위의 근거로 지목한 이 사건 의무조항은 사실인지 피고인의 의견인지 모호한 영역에 속해 있다. 발언자는 자신의 행위의 원인에 대하여 자신에게 중요하게 부각된 것을 내세워 강조할 수 있다.

이 사건 또한 피고인이 백현동 부지의 용도지역 변경 과정과 관련하여 여러 차례 객관적인 사실관계에 근거한 해명(정부의 시책에 협조, 협조요청 공문)을 하였음에도 정치적 공격이 계속되자, 자신의 방어를 위해 해명에 필요한 부분을 강조한 것에 불과하다.

(2) 국토부가 2014. 12. 9.자 공문 이전부터 용도지역 변경과 관련하여 해 온 여러 행위들은 중앙정부의 재정적 지원 없이는 자신의 정책을 펼칠 수 없는 지방자치단체장에게 상당한 수준의 압박으로 느껴질 수 있다.

'국토부 공무원들이 피고인 또는 성남시를 상대로 직무유기를 문제 삼겠다는 협박까지 하였다'는 발언은 피고인이 국토부와의 갈등 상황에서 느꼈던 압박감, 피고인이 추진했던 정책이 좌절된 행위의 원인에 대한 자신의 의견 등을 설명하는 과정에서 '성남시가 국토부로부터 받은 상당한 강도의 압박'을 과장하여 표현한 것으로 볼 수 있고, 이를 허위의 사실이라고 단정하기 어렵다.

마. 이 사건의 결론

 원심이 같은 취지에서 공소외 1 관련 허위사실 공표에 의한 공직선거법위반 공소사실 중 이 사건 골프 발언 부분과 백현동 관련 허위사실 공표에 의한 공직선거법위반 부분을 모두 무죄로 판단한 것은 정당하고, 거기에 공직선거법 제250조 제1항이 규정한 허위사실공표죄에 관한 법리를 오해한 잘못이 없다.

바. 대법원 전원합의에서 합의의 요체에 관하여

 1) 우리 헌법은 사법권을 법관으로 구성된 법원에 귀속시키면서 대법원을 최고법원으로 선언하고 있다(헌법 제101조 제1항, 제2항). 나아가 헌법은 제102조에서 대법원에 대법관을 두고, 부를 둘 수 있도록 한 다음 그 상세한 내용은 법원조직법에 위임하여 구현하고 있다.

 법원조직법은 제4조 제2항에서 대법원장을 포함하여 14명의 대법관을 대법원에 두도록 하고, 제7조 제1항에서 대법원의 심판권에 관하여 "대법관 전원의 3분의 2 이상의 합의체에서 행사하며, 대법원장이 재판장이 된다."고 하여 대법원 전원합의체에서 대법원장을 재판장으로 하여 사건을 심리하여 심판권을 행사하는 것을 원칙적인 모습으로 선언하고 있다.

나아가 그 단서에서 "법관 3명 이상으로 구성된 부에서 먼저 사건을 심리하여 의견이 일치한 경우에 한정하여 다음 각 호의 경우를 제외하고 그 부에서 재판할 수 있다."고 하여 명령 또는 규칙이 헌법 또는 법률에 위반된다고 인정하는 경우와 종전에 대법원에서 판시한 헌법·법률·명령 또는 규칙의 해석 적용에 관한 의견을 변경할 필요가 있다고 인정하는 경우, 부에서 재판하는 것이 적당하지 아니하다고 인정하는 경우 외에는 소부에서 재판할 수 있는 길을 열어 두고 있다.

2) 대법원장을 포함한 대법관은 국회의 동의 등을 거쳐 대통령에 의하여 임명되는 방식을 취함으로써 다수의 국민에 의하여 직접 선출되는 민주적 정당성보다는 기본권 보장의 최후의 보루로서 다수결에 의하여 이익이 침해될

수도 있는 소수자와 약자의 권익을 강화하여 국민의 구체적 권리를 보호하는 기능을 수행하고 입법권 및 행정권을 감시하여 적법절차에 의한 국가권력의 행사가 가능하도록 하는 역할이 강조된다.

위와 같이 법원조직법이 최고법원인 대법원을 대법원장을 포함하여 14인이라는 다수의 대법관으로 조직하고 그들 사이에 원칙적으로 전원합의체를 구성하여 심판권을 행사하게 한 것은, 대법원장을 포함한 대법관이 위와 같은 역할을 수행하면서 대법원의 심리와 재판에 사회 공동체를 이루는 다양한 사람들의 여러 가치와 이익을 골고루 조화롭게 반영하기 위함이다.

대법원의 위와 같은 역할을 수행하는 구체적 실천 과정에서 각각의 대법관은 법관으로서 헌법과 법률에 의하여 그 양심에 따라 독립하여 심판하되(헌법 제103조), 한 개인으로서 전 인생을 통하여 체득한 경험의 소산인 가치와 지혜를 각 사건의 법률적 쟁점이라는 그릇에 담아 대법원 전원합의체의 원탁 위에 올려 서로 나눔으로써 다른 동료 대법관들의 의견을 구하게 된다.

그것은 법률적 쟁점에 대한 치열한 검토와 깊은 숙고, 엄정한 결단의 시간이며 또한 동료 대법관을 간곡히 설득하거나 때로는 그들의 조언을 구하고, 그들이 제시하는 새로운 견해를 경청하며 이에 공감하거나 질문하거나 반박하는 등의 과정이다.

3) 이와 같이 대법원 전원합의체의 요체는 서로 다른 경험과 가치관을 갖고 있는 대법관들 상호간의 설득과 숙고에 있다. 그 과정에서 자신이 가지고 있던 논거의 타당성을 재확인할 수도 있고, 상대방의 반박논리 등을 경청하고 그 타당함을 일부라도 인정하여 자신의 논거를 일부 수정할 수도 있으며, 때로는 의견 전체를 반대쪽으로 바꾸는 경우도 있을 수 있다.

그러한 상호 영향의 과정에서 대법원 구성의 다양성이 가지는 가치의 진면목이 발휘된다. 대법관들은 전원합의에서 설득과 숙고로 이루어지는 가치의 상호침투와 화학작용을 통한 변용과 결단을 통해 각 사안에서 구체적 타당성의 확보와 정의실현이라는 보석을 세공한다. 설득과 숙고의 과정이 치열할수록 얻게 되는 보석은 더 찬란하며 견고하다.

4) 설득과 숙고에는 어느 정도 시간의 지속이 필요하다. 설득과 숙고로 이루어지는 가치의 상호침투와 화학작용을 통한 변용과 결단에는 숙성기간이 필요하기 때문이다.

그 숙성기간은 심리의 충실과 관련이 있다. 어느 정도의 숙성기간을 거쳐야 대법원 전원합의체의 심리를 충실한 심리라고 말할 수 있는지 그 기준을 일의적으로 말할 수는 없겠지만, 적어도 개별 사건의 쟁점의 수, 유형, 난이도, 특이성 등에 따라 심리를 진행하는 대법관들 사이에서 충분한 검토와 토론, 설득과 숙고가 이루어졌다는 상호 양해와 공감대를 이룸으로써 신속하고 충실한 심리의 비등점을 찾아나가게 될 것이다.

5) 충실한 재판의 가치와 마찬가지로 재판의 신속도 중요한 가치이다. 그러나 재판의 신속은 절대적인 가치는 아니다. 재판의 신속은 권리구제의 신속을 위한 수단이지 그 자체가 목적은 아니기 때문이다.

그 결과 신속한 권리구제를 위하여 재판의 진행을 서두르다 보면, 놓칠 수 있는 것이 있다. 그것은 충실한 심리를 통하여 달성하게 되는 실체적 진실의 발견과 구체적 타당성의 실현을 통한 정의의 구현이라는 목표이다. 이러한 점에서 신속한 재판의 이념은 충실한 재판의 이념과 상호 긴장관계에 놓인다. 이러한 긴장관계가 바람직한 평형점을 이루지 못하고 어느 한쪽으로 기울어질 때가 있다. 신속한 재판이 지나쳐 충실한 재판의 이념이 무너지거나 충실한 재판을 너무 강조하여 재판의 신속성이 저해되는 경우 모두, 법원과 재판의 공정성에 대한 국민의 신뢰를 유지하기 어려울 것이다.

6) 대법원 전원합의체의 심리와 재판에서도 신속한 재판의 이념과 충실한 재판의 이념의 긴장관계는 마찬가지이다. 대법원 전원합의체의 재판이 이러한 긴장관계의 평형점을 잘 이루고 있는지 그렇지 못한지는 누가 판단하는가. 이 또한 해당 사건의 쟁점의 수, 유형, 난이도, 특이성 등에 따라 좌우되겠지만, 결국은 개별 사건에서 당사자의 만족감과 이를 바라보는 국민 일반의 평가가 이를 결정할 것이다.

대법원 전원합의체의 심리와 재판에서 위와 같은 긴장관계에 대한 공감대가 형성되지 못하여 신속하고 충실한 심리의 비등점을 찾는 데 실패한다면, 그 폐해는 온전히 해당 사건의 당사자와 국민에게 돌아간다.

7) 심리 절차 외에도 이 사건에 대한 대법원 전원합의체의 논거와 결론이 가지는 중요성은 별다른 설명이 필요 없을 정도이다.

대통령의 2024. 12. 3. 자 비상계엄 선포와 그에 대한 시민들의 저항, 이어진 국회의 비상계엄 해제 의결 및 대통령에 대한 탄핵소추 의결, 헌법재판소의 대통령에 대한 탄핵 심판 인용결정에 따른 대통령의 파면에 이르기까지 역사상 유례없는 정치적 격동이 이어졌고, 그 결과 제21대 대통령선거를 마주하게 되었다. 허위사실 공표로 인한 공직선거법위반에 관한 이 사건 공소사실은 이와 맞물리면서 아이러니함을 빚어낸다.

이 사건 각 발언은 제20대 대통령선거와 관련하여 피고인이 더불어민주당 후보자로 선출된 이후 상대방 측의 여러 의혹에 대응하는 과정에서 2021년 10월부터 12월 사이에 언론의 인터뷰나 국회의 국정감사에 출석한 기회에 이루어진 것이다.

위 선거가 끝난 이후 2022. 9. 8. 이 사건 공소가 제기되었는데, 제1심에서는 오랜 심리로 재판의 신속에 대한 의문이 제기되면서 공소제기된 후 2년 2개월 이상이 지나서야 유죄 판결(일부는 이유 무죄)이 있었다. 항소심에서는 그 후 4개월여의 심리 끝에 2025. 3. 26. 무죄 판단이 내려졌고, 검사의 상고로 상고심의 심리가 진행되던 중 피고인이 제21대 대통령선거 더불어민주당 후보자로 선출되는 상황이 되었다. 이로 인하여 대법원 전원합의체의 결론과 그 논거에 국민들의 이목이 집중되었다.

제1심법원은 공직선거법에서 요구하는 시한을 지키지 못하여 비판을 받은 점은 있지만 장기간 다수의 증인을 신문하는 등 충실한 심리를 거친 후 유죄 판단을 하였고 그 논거를 충실히 제시하였다.

제2심법원은 이를 바탕으로 추가적인 증인 신문 등 심

리를 진행한 후 공직선거법에서 요구하는 시한을 약간 넘겨 무죄 판단을 하였고 마찬가지로 그 논거를 충실히 제시하였다.

제1심법원과 제2심법원의 결론이 다르지만 각각 제시한 논거들은 그 나름의 논리적 충실성을 가지고 있다. 이러한 상황에서 상고심인 대법원 전원합의체는 어느 쪽의 결론이든 그에 이르게 된 논거에 대하여 당사자와 일반 국민이 납득할 수 있도록 충실하게 제시할 의무가 있다.

이러한 의무를 앞에 두고 대법원이 신속한 재판의 원칙을 내세워 유례없이 짧은 기간 내에 이 사건의 심리를 마무리하고 결론을 내놓게 되면서, 이를 바라보는 당사자와 국민의 시선 속에 비치는 법원의 공정성, 심리의 충실성에 대한 기대와 신뢰가 어느 만큼인지 생각해 볼 일이다.

신속만이 능사는 아니다. 대법원이 이 사건에 내놓게 될 결론과 논거에 대하여 당사자와 국민이 제1심법원과 제2심법원의 논거와 비교하여 보고 결론의 타당성과 합리성, 논거의 충실함에 관하여 수긍할 수 있기를 바랄 뿐이다.

8) 설득에 관한 이솝우화로 '해님과 바람 이야기'가 있다. 해님과 바람이 길 가는 나그네의 외투를 누가 먼저 벗게 하는지 내기를 하게 된다. 먼저 바람이 힘자랑을 하며 세차게 바람을 불어 보지만 나그네는 옷깃을 더 동여맨다. 이어 해님이 따뜻한 햇볕을 계속 내리쬐어 주니 점차 땀이 난 나그네가 외투를 벗었다. 설득의 승자인 해님이 갖고 있는 무기는 온기와 시간이다. 해님의 따뜻한 햇볕도 온기를 전할 시간의 지속이 허용되지 않는다면 내기에 이길 수 없었을 것이다.

대법원 전원합의의 요체인 설득에는 시간이 필요하다. 숙고에도 시간이 필요하다. 대법관들 상호간의 설득과 숙고의 성숙기간을 거치지 않은 결론은 외관상의 공정성에 대한 시비도 문제이지만 결론에서도 당사자들과 국민을 납득시키는 데 실패할 수 있다.

남은 의문은 이것이다. 다른 모든 사건과 마찬가지로 이 사건에서 전원합의체의 심리와 재판은 해님이 갖고 있는 무기인 온기와 시간을 적절히 투입하여 숙고와 설득에 성공한 경우인가 아닌가. 우리는 과연 이 재판에서 신속하고 충실한 심리의 비등점을 찾아 구체적 타당성의 확보와 정의실현이라는 보석을 세공하는 데 성공하였는가. 우문현답이 필요한 시간이다.

이와 같이 다수의견에 대한 반대의견을 밝힌다.

08
다수의견에 대한 대법관 서경환, 대법관 신숙희, 대법관 박영재, 대법관 이숙연, 대법관 마용주의 보충의견

가. 지연된 정의는 정의가 아니다. 우리 헌법과 법률은 신속한 재판을 받을 권리를 보장하고 있다. 대법관 후보자들에 대한 청문회 과정에서 사법 불신의 원인이 재판 지연에 있다는 지적과 이에 대한 후보자의 생각을 묻는 질문은 빠지는 적이 없고, 대법관들은 취임사에서 지연된 정의의 해소를 위하여 노력하겠다고 다짐한다.

특히 사회정치적으로 갈등이 심하고 분열을 조장하여 신속한 해결이 필요한 사건, 공직선거사건 등 입법자가 적시에 처리하라고 기한까지 정하여 놓은 사건에 대한 처리

지연은 사법부에 대한 불신의 주요한 원인이 되었다.

대법원도 예외는 아니었다. 원심에서 국회의원직 상실 사유에 해당하는 형을 선고받고 상고한 사건 등에서 대법원이 원심을 그대로 수긍하는 판결을 선고하면서도 처리가 상당히 지연되어 사실상 국회의원 잔여 임기를 거의 마칠 수 있게 된 사례가 있었음을 부인할 수 없다. 그때마다 재판 지연에 대한 국민의 따가운 시선과 비판을 피하기 어려웠다.

나. 이 사건은 대통령선거 후보자가 피고인인 공직선거법위반 사건이다. 공직선거법 제270조는 '선거범의 재판기간에 관한 강행규정'이라는 표제 아래, 제1심은 공소제기일부터 6개월 이내, 제2심 및 제3심은 전심 판결 선고일부터 각각 3개월 이내에 반드시 판결을 선고하도록 규정하면서, 선거범의 재판은 다른 재판에 우선하여 신속히 하도록 규정하고 있다.

그런데 제1심은 공소제기일부터 약 2년 2개월, 제2심은 제1심 판결 선고일부터 약 4개월 후에 판결을 선고하였다. 그 결과 대법원에 이 사건이 접수되었을 때에는 이미 제21대 대통령선거 후보자 등록이 가까운 시기에 이르게 되었다. 더구나 제1심과 원심의 결론도 정반대였다. 이러한 절차 지연과 엇갈린 실체 판단으로 인한 혼란과 사법불신의 강도가 유례없다는 인식 아래, 철저히 중립적이면서도 신속한 절차 진행이 필요하다는 공감대가 대다수 대법관 사이에 형성되었다.

이 사건에 관한 대법원의 신속한 절차 진행 시도와 노력은 적시 처리가 필요한 유사 사건을 다루고 있는 여러 법원에도 뚜렷한 메시지와 긍정적인 영향을 줄 수 있다고 본다.

공직선거에 관한 신속 재판 사례는 외국에서도 쉽게 찾아볼 수 있다. 미국 연방대법원은 2000년 부시와 고어가 경쟁한 대통령선거 직후 재검표를 둘러싸고 극심한 혼란이 벌어지는 상황에서, 재검표를 명한 플로리다 주대법원 재판에 대한 불복신청이 연방대법원에 접수된 후 불과 3~4일 만에 재검표 중단을 명하는 종국재판을 내려 혼란을 종식시켰다.

다. 신속한 심리를 위하여 충실한 심리를 희생하는 일은 있을 수 없고 있어서도 안 된다.

이 사건의 주요 쟁점은 크게 복잡하지 않다. 골프 발언 및 백현동 관련 발언의 의미와 그 발언이 선거인에게 주는 전체적인 인상이 어떠한지, 백현동 관련 발언에서 국토부가 관련 법규정을 들어 압박하고 이에 따르지 않으면 직무유기를 문제 삼겠다고 협박한 사실이 있는지 여부 등이 쟁점이다.

제1심과 원심이 인정한 사실관계에 큰 차이가 없으므로 사실 인정에 어려움이 있는 사건도 아니다. 제1심과 원심은 동일한 사실관계에 대하여 치밀하게 법리를 전개, 적용하였고, 이를 판결서에도 상세하게 설시하였으므로, 대법원으로서는 그중 어느 쪽을 채택할 것인가를 결정하면 충분한 사건이기도 하다.

대법관들은 빠른 시기에 제1심과 원심 판결문, 공판기록을 기초로 사실관계와 쟁점 파악에 착수하였고, 검사의 상고이유서와 변호인 답변서, 의견서가 접수되는 대로 지체 없이 제출 문서를 읽어보고 그 내용을 숙지하였다. 공직선거법상 허위사실공표죄에 관하여는 이미 많은 판례와 법리, 그 토대가 된 국내외 연구자료가 충분히 축적되어 있다. 대법관들은 이미 축적된 판례와 법리, 연구자료에 더하여 이 사건 쟁점에 관한 입체적이고 심층적인 추가검토를 집중적으로 행하였고, 이를 토대로 치열한 토론을 하였다. 구체적인 절차 진행도 형사소송법령 등 관련 규정을 지키면서 이루어졌고, 절차를 주재하는 대법원장이 일일이 대법관들의 의견을 확인한 다음 후속절차로 나아갔다.

라. 달력상 날짜의 총량만이 충실한 심리를 반영하는 것은 아니다. 짧은 기간에 모든 쟁점을 망라한 다음 집약적으로 깊이 있는 심리를 진행하는 집중심리주의가 우리 소송절차법에서 채택한 지혜이고, 합리적인 결론에 도달할 수 있는 효율적인 심리방법이다. 이는 이 사건처럼 적시처리가 강력하게 요구되는 사건에서는 다른 선택의 여지가 없는 근본원칙이다.

마. 대법원은 이 사건의 특수성과 집중심리주의의 이

념, 선거범 재판의 우선적인 신속 처리를 명한 공직선거법의 취지에 따라 신속하고 충실하게 이 사건을 심리하여 결론에 이르렀다는 점을 분명히 밝혀 둔다.

이와 같이 다수의견을 보충한다.

09 반대의견에 대한 대법관 이흥구의 보충의견

가. 공직선거법 제250조 제1항은 당선될 목적으로 방송 등의 방법으로 후보자의 행위에 관하여 허위의 사실을 공표한 자를 처벌한다.

공직선거법의 많은 처벌규정이 선거절차에 관한 것임에 반하여 이 사건 처벌규정은 후보자가 공표한 발언의 실질적인 내용에 관하여 판단하여 그 허위성이 인정될 경우 처벌한다.

후보자가 선거운동 과정에서 한 발언의 실질적 내용을

수사기관이 살펴보고 그 판단에 따라 기소 여부를 결정하고 법원의 판단에 따라 처벌 여부를 확정하게 되면, 선거의 공정을 명분으로 후보자 발언의 진실성을 사후적으로 검열함으로써 후보자의 발언 내용을 실질적으로 제한하게 된다.

그런데 정치적 영역에서 사실과 법의 영역에서 사실은 그 의미가 다를 수 있다. 그러므로 허위사실이라는 이유로 법이 처벌을 목적으로 정치의 영역에 들어갈 때는 양자의 차이를 세심하게 고려하여 정치의 영역이 가지는 다양성과 그 다양성이 공존할 수 있는 중립지대가 훼손되지 않도록 신중한 접근이 필요하다.

법의 영역에서는 객관적 사실이 존재하는 것을 전제로 그 사실에 맞는 법을 적용한다. 인간사회에서 주관적 의도가 개입되지 않은 순수한 객관적 사실이 존재할 수 있는지 의문이 있지만 법은 객관적 사실이 확인될 수 있음을 전제로 가능한 한 그것에 접근하고자 한다.

그러므로 법의 영역에서는 다의적인 해석이 가능한 사

실의 존재를 쉽게 받아들이지 않으려 하고 가능한 한 하나의 사실이 존재하든지 존재하지 않든지 어느 쪽으로 확정하고자 한다.

민주주의 정치의 영역에서 바라보는 사실의 의미는 이와 다를 수 있다. 하나의 사실만이 존재하는 것이 아니라 이것이 사실일 수도 있고 동시에 저것도 사실일 수 있는 영역이 얼마든지 있을 수 있다. 민주주의에서 정치는 다양한 생각과 의견이 충돌하고 같은 사실관계라도 자신의 정치적 입장과 이해관계에 따라 다르게 받아들이고 표현한다는 것을 당연한 전제로 한다.

그러므로 정치적 발언에서 사실이라 함은 정치적 입장과 분리된 순수한 사실이 아니라 정치적 입장에서 해석된 사실일 수밖에 없고 그것이 자연스러운 모습이다.

하나의 사실, 사건이 발생하였지만, 각각의 정치적 입장에 따라 강조점이 달라 사실관계는 두 개, 세 개 심지어 여러 개의 사실관계로 다양하게 해석되어 나타난다. 하나의 공동체에서 다양한 시민들의 이해관계는 충돌할 수밖에 없으므로 이러한 다양한 해석은 그 자체로 존중되고 한쪽이 상대방을 파괴하거나 극단적인 왜곡이 아닌 한 공존할 수 있어야 한다.

공론의 장에서 다양하게 해석된 정치적 사실과 의견들이 충돌하고 그 과정에서 상호 양보를 통하여 타협점을 찾거나 다수결로 문제를 풀어나가는 것이 민주주의에서 필수적인 과정이므로 위와 같은 다양한 사실에 대한 해석, 판단과 그에 기반한 의견, 대안 제시 등은 민주주의의 토대이고 발전의 원동력이다.

그러므로 이러한 민주적인 공론화 과정에서 구체적 사실에 관한 발언에 대해서는 각각의 처지나 정치적 입장에 따라 다양할 수 있음을 인정하고 의도적인 왜곡이거나 객관적인 증거에 반하여 허위성이 분명한 것이 아닌 이상 그 자체로 존중되어야 한다.

이와 같은 민주주의의 근본을 무시하고 공직선거법의 규정을 경직되게 해석함으로써 법의 영역에서 쉽사리 정치적 영역에 개입하여 한 가지 사실에 대한 해석만을 강요하거나 다른 해석에 대하여 형사처벌을 감행하는 것은 민주주의 혹은 정당민주주의, 표현의 자유와 자유로운 선거운동을 보장하는 우리 헌법에 합치되지 않는 위헌적인 해석이다.

다른 해석이 가능하고 합리성이 있음에도 다수의 사람들이나 주도적인 언론이 그렇게 받아들이므로 객관적인 사실이라고 선언하고 이와 다른 해석은 허위라고 규정하고 형사처벌하는 것은 다양성을 기반으로 한 공론의 장을 위협하는 극단적인 발상으로 이어질 수 있다.

오랜 권위주의시대를 거치면서 시민들의 희생과 헌신으로 민주적 정부를 구성하고 민주주의 정치체제를 유지하고 있기는 하지만, 권위주의적 역사와 정치적 경험에 비하여 민주주의를 실천하고 시민사회를 형성해온 역사가 오래되지 않은 우리나라에서 역사의 후퇴를 경험하지 않으려면 이러한 한쪽 방향으로의 해석은 경계해야 한다.

요컨대, 민주주의 공론의 장에서 벌어진 사실에 관한 주장에 대해서는 여러 해석의 가능성이 열려있으므로 어느 한쪽의 시각에서 형사처벌의 칼을 함부로 들이대서는 안 된다는 것이다. 다수의견은 이와 같은 민주주의 정치과정에 대한 이해를 무겁게 받아들이지 않고 다수의견이 상정한 선거인에게 주는 인상이라는 잣대로 피고인의 발언이 허위라고 쉽사리 단정하고 형사처벌을 감행하고자 한다.

피고인의 발언이 본질적으로는 그 취지가 잘못되지 않았음에도 구체적인 사실에 대한 주장이 다수의견이 확정한 의미와 다르므로 형사처벌할 수 있다고 한다. 이는 민주주의 정치의 공론의 장을 허물 수도 있는 위험한 해석으로 연결될 수 있으므로 민주주의 수호를 사명으로 하는 법원이 지향할 방향이 아니다.

나. 후보자의 선거운동에서 발언은 주로 과거의 사건을 기억에 의존하여 말로 표현하는 것이다.

말하는 것은 글을 쓰는 것과 달리 정제되지 않고 즉흥적일 수 있고 미리 준비한 발언이라도 구체적인 사실에 관하여 발언할 경우 그 자체로 부정확하거나 일부 사실과 다른 내용을 포함할 수 있다. 각자의 입장에 따라 다의적인 해석이 가능한 표현을 동반하기도 한다. 듣는 사람도 그것을 감안하여 듣게 된다. 발언이 이루어진 이후에는 상호 검증이나 반론을 통하여 객관적 사실에 맞지 않는 부분은 수정되고 좀 더 바람직하거나 정확한 내용으로 정립되어 간다.

그러므로 공론의 장에서 일시적으로 이루어진 후보자의 발언에 대하여 다의적인 해석이 가능함에도 최대한 피고인에게 불리하게 해석하여 허위라고 단정하여서는 안 된다. 발언의 일부 내용이 사실과 다르다는 이유로 그것만을 분리해서 형사처벌의 대상으로 삼는 것은 이 사건 처벌규정을 둔 취지와 심각하게 어긋나게 된다.

이 사건 처벌규정으로 형사처벌이 쉽게 이루어질 경우 후보자의 공개적이고 실험적인 발언은 위축될 수밖에 없고 자신의 기억이나 발언이 조금이라도 어긋남이 없는지 확인하느라고 제대로 된 주장을 할 수 없게 된다.

공론의 장은 활기를 잃고 정치적 자유나 표현행위는 그만큼 위축된다. 만일 검사의 의지에 따라 선택적으로 기소가 이루어진다면 공정한 선거를 위해 도입한 처벌조항이 결과적으로 정치적 반대파를 없애기 위한 목적으로 악용될 수 있고 그 결과 공론의 장은 상대방을 처벌하기 위한 싸움터로 변질된다.

그러므로 후보자의 발언 자체가 명백히 사실을 달리 말한 것이 아니라면 그 발언의 의미를 그대로 존중하여야 한다. 선거인이 받아들이는 인상을 기준으로 객관적으로 파악한다는 것을 명분으로 발언에 숨어있는 의미를 피고인에게 최대한 불이익하게 해석하여 형사처벌의 대상으로 삼는 것은 표현의 자유, 자유로운 선거운동을 보장하는 헌법과 공직선거법의 취지에 비추어 결코 허용될 수 없다.

다수의견은 스스로가 주관적으로 해석하여 받은 인상을 선거인이 받은 인상이라고 객관적인 것처럼 설명한다. 다수의견이 받은 인상만이 진실이라고 강변한다.

피고인이 실제 발언한 내용을 보면 발언한 구체적인 사

실 자체가 허위라고 확인되는 내용이 없음에도 다수의견은 그 이면에 숨겨진 피고인의 의도를 세밀하게 분석하고 파악하여 구체적 발언 내용을 재구성하고 재구성한 발언에 따르면 허위사실의 공표에 해당한다고 결론짓는다. 이와 같은 피고인에게 불리한 해석은 그 자체로 단편적이고 죄형법정주의가 엄격하게 적용되는 형사법 영역에서 허용될 수 없다.

다. 다수의견의 구체적인 오류는 반대의견에서 잘 지적하고 있으므로 중복되지 않는 범위에서 다음과 같이 강조하고자 한다.

1) 우선 피고인의 발언 자체로부터 발언의 의미를 정확히 확인할 수 있음에도 다수의견은 선거인에게 주는 인상을 기준으로 발언의 내용을 확정한다는 명분으로 발언에 숨겨진 의미를 하나로 추론하고 발언을 재구성한다.

그런데 다수의견이 유죄로 판단한 부분은 오랜 경력의 원심 판사들조차 다의적으로 해석될 수 있다고 보는 부분이다. 일반 시민들도 마찬가지로 다의적 해석을 할 것이 분명한데 다수의견은 애써 다른 해석의 가능성을 차단한다.

구체적으로 골프 관련 발언에 관하여 본다. 다수의견은 이를 골프 사실을 부인하는 발언만으로 해석하였다. 그러나 피고인의 발언 자체는 골프 관련 사진이 조작된 얘기를 하고 있고 그 발언에서나 발언의 전후로 골프를 친 적이 있는지에 관한 어떤 발언도 하지 않았다.

그럼에도 이를 확대해석하고 숨겨진 피고인의 의도와 선거인이 받은 인상(이는 다수의견이 정리한 인상이고 의도일 뿐이고 다르게 볼 여지가 있음에도 일반화하고 있다)에 따라 발언내용을 재구성함으로써 피고인이 결국 골프를 친 적이 없다는 발언을 한 것으로 해석하였다.

골프 관련 사진이 조작된 것은 맞지만 피고인의 발언에 숨겨진 의미는 결국 해외출장 중 어떤 골프도 하지 않았다는 것이므로 객관적 사실과 맞지 않는 허위의 발언이라는 것이다.

발언의 내용은 사진의 조작이라는 객관적인 사실을 말하는 것이 분명한데, 그것을 말하는 것은 골프를 한 사실을 부인한 것이므로 그와 같은 발언을 하는 것은 허위라는 것이다.

피고인으로서는 골프를 친 사실을 인정하지 않는 이상 사진 조작을 얘기하여서는 안 되고 사진 조작을 얘기하려면 그 사진이 찍힌 곳에서는 골프를 치지 않았다고 정확하게 말하여야 한다는 것이다. 이러한 해석은 피고인의 발언하는 형식이나 발언의 내용을 다수의견이 이해하는 방향으로 요구하거나 재단하는 것으로서 그것이 부당한 것임은 다언을 요하지 않는다.

2) 다수의견은 피고인에게 유리한 사실관계를 외면하거나 누락한 채 백현동 관련 발언이 허위라고 판단하고 있다.

피고인은 백현동 관련 발언을 하는 과정에서 2011년 이후 5개의 이전공공기관 부지를 매각하는 과정을 설명한 다음 백현동 부지의 매각에 특수한 사실관계를 추가적으로 설명하고 있다.

매각과정에서 매입공공기관 등이 부지를 매입하여 국토부장관이 활용계획을 수립하는 경우에는 이 사건 의무조항에 따라 성남시의 의사나 도시계획과 상관없이 용도지역이 변경될 수 있고 성남시는 이에 따라야 한다는 압력이 있었던 것은 사실로 보인다.

그러므로 피고인의 설명 중 위 조항에 따른 용도지역 변경의 압력에 대한 설명은 사실에 부합하고 실제 그와 같은 공공기관 매입방식으로 진행되지 않았더라도 백현동 부지 매각과정에서 있었던 사실관계임은 분명하다.

다수의견은 이 과정에 대한 피고인의 설명이 사실에 부합한다는 것을 외면하고 있다. 매각과정에서 이 사건 의무조항에 관한 논란이 있었고 성남시가 이에 따르지 않을 경우 직무유기가 문제될 수 있으므로 피고인으로서는 국토부의 압력을 직무유기의 협박과 마찬가지로 이해하였을 가능성이 높다.

비록 이 사건 재판과정에서 증인의 증언을 통하여 그와 같은 협박의 내용이 증명되지는 못 하였다고 하더라도 피고인이 인식한 상황이 사실과 다르다고는 할 수 없다.

이 사건 용도지역 변경과정에서 피고인이 설명하고 있는 내용이 허위인지 판단하기 위해서는 반드시 매각과정에 참여한 주체의 하나인 성남시의 입장을 이해하여야만 한다. 그런데 다수의견은 이 사건 부지 매각과정이나 용도지역 변경과정에서 피고인과 성남시의 처지나 입장을 제대로 이해하지 않으려고 한다. 이 사건 부지매각은 중앙정부의 정책결단에 따라 법률이 뒷받침하고 있는 국책사업이고 성남시는 부지에 대한 용도지역 변경을 담당하는 지방정부에 불과하다.

당시 중앙정부는 다른 정당 소속 대통령이 구성한 정부였다. 당시의 권력구조상 국토부의 협조공문 하나라도 지방정부는 따라야 한다는 압박으로 느낄 수 있다. 피고인으로서는 중앙정부의 정책방향을 제대로 수용하지 않을 경우 겪게 될 정치적, 사법적 곤경을 걱정하였을 가능성도 크다.

이러한 상황에서 중앙정부가 국책사업에 따르도록 여

러 차례 공문을 보내고 용도지역 변경의 요구를 반복하는 것은 피고인에게 상당한 압박이나 위협으로 느껴지지 않을 수 없다. 짧은 시간 안에 이를 설명하는 과정에서 백현동 관련 발언을 한 것이 피고인의 주관적인 입장에서 사실관계를 다소 부풀린 것일 수는 있으나 객관적인 상황과 어긋난 것이라고 할 수는 없다. 이와 같은 피고인의 입장과 처지를 고려하지 않고 객관적인 사실관계의 허위 여부를 논하는 것은 좁은 시각으로 사물의 한 면만을 보는 것과 다르지 않다.

3) 요컨대, 다수의견은 명목상으로는 선거인이 받는 인상을 중심으로 판단한다는 객관적인 입장을 강조하고 있지만, 사실관계의 판단에 필수적인 다양한 시각을 배제하고 한쪽의 시각에서만 사실관계를 판단하였다. 이는 민주주의에서 필수적인 공론의 장에 법의 잣대를 함부로 들이대어서는 안 된다는 원칙에 충실하지 못한 것이다. 결과적으로 민주사회에서 공론의 장의 자율성과 자정능력을 경시하고 왜곡시킬 수 있는 우를 범한 것이다.

이와 같이 반대의견을 보충한다.

재판장

대법원장 **조희대**
대법관 **이흥구**
대법관 **오경미**
대법관 **오석준**
대법관 **서경환**
대법관 **권영준**
대법관 **엄상필**
대법관 **신숙희**
대법관 **노경필**

주심

대법관 **박영재**
대법관 **이숙연**
대법관 **마용주**

대통령 후보 이재명
대법원 판결

초판 1쇄 인쇄	2025년 05월 08일
초판 1쇄 발행	2025년 05월 20일
신고번호	제313-2010-376호
등록번호	105-91-58839
지은이	대법원
발행처	보민출판사
발행인	김국환
기획	김선희
편집	현경보
디자인	김민정
ISBN	979-11-6957-346-7 03360
주소	경기도 파주시 해올로 11, 우미린더퍼스트@ 상가 2동 109호
전화	070-8615-7449
사이트	www.bominbook.com

- 가격은 뒤표지에 있으며, 파본은 구입하신 서점에서 교환해드립니다.
- 이 책은 저작권법에 의하여 보호를 받는 저작물이므로 무단 전재와 복사를 금합니다.